物語る校長
新しい教育リーダーシップ

福井市安居中学校／東京大学大学院
牧田秀昭／秋田喜代美

左右社

物語る校長　新しい教育リーダーシップ

物語る校長―目次

物語りのはじめに

私は中学校数学科の教師である。生涯一授業者のつもりでいたが、ある校長先生の影響を受け、管理職への道を志した。選考試験にパスした翌年から県の教育行政の業務に就き、その後福井大学教育学部附属学校の副校長を三年間務め、現在、福井市の公立中学校の校長である。

四月に赴任して以来、本校のリソースを最大限に発揮すること、そして何にどうやってチャレンジするとより質の高い教育ができる学校に成長するのかを考え、ビジョンを示し、緩やかに改革を進めてきている。校長の大きな役割の一つに、子どもに直接関わる教師の力量形成があると私は考えた。これから紹介する物語りは、辞令を受けて勤務校に集った教師たちが、学び続けるプロの教師集団に近づくために、校長としての私がどのように動いてきたか、その発想や行動の背景にある校長の専門性とその形成過程について、経験や思いを紐解きまとめたものである。学校教育は、これからの未来社会に大きな影響を及ぼす。教育リーダーはこれからも挑戦を続けていくだろう。そんな未来の教育リーダーたちにとって、私のささやかな経験と秋田喜代美先生の論説が役に立つなら、こんなにうれしいことはない。

これからの教育リーダーシップを語るにあたり、序章として、コロナ禍というかつて経験のない状況で学校が行ってきたさまざまな決断や、明らかになった学校教育の役割について述べる。なぜならコロナ禍は、校長のリーダーシップが問われる象徴的な出来事と言えるからだ。第一章で、私の校長としてのアイデンティティ形成過程、第二章で、学び育つ場としての学校の姿やそれを阻む課題などを解説し、第三章では校長として学校を動かす方策を具体的に項目立てて述べる。第四章は視点を変えて、教育活動を価値づけする方策としての「書くこと」の意味を述べ、第五章と第六章は、実際に書いてきたものを紹介しながら、校長による教師の力量形成について述べる。第七章では、現在の勤務校で進行中の動きを紹介すると同時に、現在、そして将来の校長へのエールを贈りたい。秋田喜代美先生には、各章で教育学的見地から解説をお願いした。実践は理論と融合することで、その意味が明らかになる。

私には、身近に校長の所作を学ぶ教頭時代がなかった。副校長時代に考え、悩み、動きながら現在のベースができた。校長が大学教授のために常駐しておらず学校内部のことは一任されていたこと、そして私の在職時に、小中を統合して義務教育学校を設置する激動の時期であったという環境が、私の考え方に少なからず影響している。第三章から第六章までの事例は主に副校長時代のものであるが、一般校の校長としての動きと捉えて差し支えないと思う。

思うようにならないことも多いが、そんなときも含めて、私自身は校長職を結構楽しくやっている。新しく管理職に就いた方を含め、これからの教育リーダーを志す皆さんに、校長の楽しさややりがいも届くことを願って、物語りを始めることとする。

本書では完成した話としての「物語」ではなく、続いていくものとして「物語り」と表記することとします。

序章

コロナ禍の日々

突然訪れたコロナ禍。未経験の連続で、学校現場は大きく揺れた。学校再開後、ウィズコロナの新しい生活様式が日常となった。このコロナ禍は、単にオンライン教育がクローズアップされただけではなく、学校の存在意義や教師の存在意義など、教育についてさまざまなことを考え直す機会になった。これからの教育リーダーシップについて紐解く前に、序章としてこの間の経験を精査し、ポストコロナへの橋渡しとしたい。

未経験の連続の日々

新型コロナウイルスの感染が拡大したためとは言え、全国的な学校の一斉臨時休業や不要不急の外出自粛、これら突然の決定をいったい誰が予想しただろうか。福井市は、令和二年三月二日の午後から臨時休業に入った。途中、卒業式は規模縮小して実施したものの、修了式や離任式は中止となり、春休みを含むと、四月七日まで休業となった。卒業式は、卒業生と保護者、教職員のみの参加で、来賓なし、歌なし（校歌も含む）という異例ずくめであった。離任式は中止で、離任する先生方の生徒への最後の挨拶もできない。教職員の送別会も中止。学校は、生徒や教職員がその年々、学習や生活を共にした一つの家庭のようなものである。すべてのメンバーが揃わない状態で去りゆくメンバーを送り出すことなど考えられなかった。その年度末・年度始めの、学校が最も動く時期に時間が止まったのである。

しかし休業であって休校ではない。そのあいだ、令和二年度の行事計画を作成したが、福井市教育委員会より四月三日に、「入学式・始業式を四月八日に実施した後、四月九日から五月六日まで臨時休業とする」旨が通知された。そして、四月六日には、再び市教委より「入学式・始業式は五月七日まで延期し、四月八日から四月十日の間に、密にならないような工夫をして教科書を配布する」という知らせがあった。教科書配布後は、福井県に感染者が多数出たこともあり、家庭訪問や登校日の設定も禁止され、四月三十日には、入学式や臨時休業の再延長が通知された。この時点で、まだ年度の行事計画が決まっていないという異例の事態である。五月十五日に、「五月二十九日に入学式、六月一日より学校再開する。長期休業期間は短縮するが土曜授業は実施しない」旨の通知が出されて、ようやく令和二年度の予定がはっきりし、学校再開が実現したのである。

この間、短期的、中期的な行事計画を何度も組み直した。もちろんこのような経験はない。文部科学省や教育委員会からの通知（感染者が出た場合の対応や、教育活動に関するQ＆A等も含む）を確認し、何度か実施された校長会で共通理解をして、教職員と情報共有を図り、保護者に対しては、緊急メールやホームページを用いて随時連絡を重ねた。また、四月八日には、「在宅勤務を実施する」通知が出され、これまで未経験の勤務様式が導入された。これも非常に大きい変更であり、戸惑うことが多かった。教員の職務は子どもと共にある。事務的な仕事も当然あるが、そのほとんどは目の前の実際の子どもを見ながら、試行錯誤を繰り返して進められる。それが「在宅」でどれだけのことができるのか。文字どおり「開店休業」である。生徒も保護者も教職員も、明日の見えない日々を送ったのである。

課題配付・回収に加えて動画を配信

　学校の中心は授業である。しかし、対面型の普通授業はできない。そこで学校は何を考え、何を始めたか。当初は、プリントや問題集などの課題を、教科ごとに配付し回収することを何度か繰り返していた。そんななか、本校教師から、何か生徒のためにできないだろうかと相談があり、臨時の職員打合せ会で、簡単な授業動画を配信しようということが提案された。県教委からも授業動画が配信されたり紹介されたりしていたが、動画の出来映えより、よく知っている教員が語ることで、少しでも生徒たちとのつながりを保とうとしたのである。

　詳細は第四章で述べるが、私は、本校教職員を対象に校長通信を発行している。次の第五十七号は、この動画配信についての経緯や私見を綴ったものである。教科書配布直後に手探りで動画配信を開始したタイミングだった。議論を整理し、動画配信の目的を明確に共有することをねらった。

授業動画配信開始（Learning Compass, No.57, 2020.4.13）

十日より、授業動画配信が始まった。自宅から出ることのできない生徒たちの力に少しでもなろうというK教諭からの提案だったが、実によく考えられていたと思う。生徒全員に対応するためにどのアプリを使うと良いか、そして、コメント拒否、CM拒否の設定など、配信者にも受信者にも配慮されたものだった。ビデオ撮影というとビデオカメラを用いるのだろうと考えるが、配信のことを考えてスマートフォンで行うことが基本となっており、簡単なグッズやソフトも準備され、私でもすぐにできそうな感じを受けた。また、先日の課題配付日に新一年生も含めて全家庭のWi-Fi環境を調査し、対応できない家庭に対しては、生徒玄関にDVD貸し出しボックスを設置するというのもとても良い。私がこの案に賛成したのは、この配慮があったからである。しかも、このボックスは「無人」である。

（略）

これだけでも相当に考えられたシステムであるが、私がもっとも感心したのは二点ある。まずは「ビデオに凝らない」という

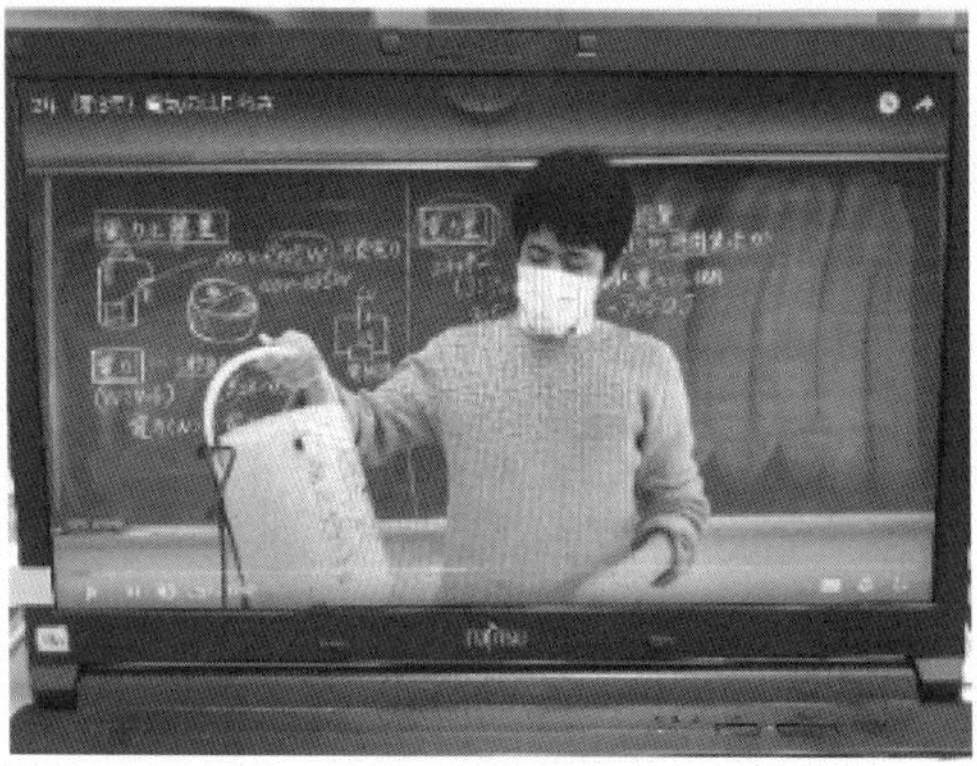

電力と熱量について説明するK教諭の最初の授業動画

原則である。十五分以内で話をするだけ。少々言葉足らずでもそのまま。要は生徒たちにリアルに学習環境を提供しようという目的に特化しているのである。K教諭の動画を見ても、普段どおりのリラックス感がとても良いと思う。

二点目は、「二～三日程度で消す」ということである。せっかく作成したので、こういった教材は蓄積していきたいという思いもあるだろうが、今回の目的は、休業中の生徒たちに一定の学習習慣を付けることにある。したがって、ため込んで一気に見るということは想定していない。この潔さがとても良いと思う。これだと、休業が長引いても対応できそうである。逆に言うと、単元ごとなどのまとめ動画や受験対策などは、今後、保存版としての作成も可能なように思える。

楽しんでつくる

K教諭が早速何本か作成したが、他教科も次々と続いた。予想されたように、数学の文字式の計算や、国語の文法など、基本的内容を丁寧に解説するものが目立った。課題を出すときに、動画を止めて考える時間を保証してから解説に進むといったことも行われた。動画配信は五教科にとどまらなかった。保健体育では、筋トレの動画が何種類かアップされた。体育科の教師が、生徒と同じように実際にやってみせるのである。彼の年齢を考えるとハードなトレーニングだが、必死にやっているのが伝わってきて、微笑ましい動画であった。また、本校校区に住んでいる教師が、「校歌の歴史」というタイトルで、「総合的な学習の時間」の動画をアップした。実際に教師が調べたことの解説だけでなく、娘さんがピアノ伴奏で加わり、「さあ歌いましょう」と一緒に歌うことを生徒たちに促す、学校とのつながりを温かく支える動画であった。他にも、保健のマスク制作や手洗い実験、生徒たちがまとめたノートの紹介ビデオなどがアップされ、学校生活を体験しているような感覚を受けるものになった。

気軽さを優先して凝りすぎないというルールだったので、ミスが出ることもあった。「前回誤りがありました。どこだったでしょう?」といったフリップが次回動画に入ってくることもあった。そんなことも含めて、教師自身が楽しんで動画を作成したことで、楽しんで動画を見る生徒が多く、ノートにまとめたり、独自に発展課題を考えたりと、教師が期待した以上に生徒たちを惹きつけることとなった。

また、ある程度の学習・生活リズムを確立するために、動画を二〜三日で削除したのだが、これは保護者の声をキャッチしたことがきっかけだった。学習内容の理解については、学校へ通っていても個人差は当然発生する。それよりも、終日あてもなく子どもが自宅にこもっていることを心配しているというのである。そういった声が届くことがありがたいと感じた。

個別相談を始める

課題の配付・回収は学級担任が行っていたが、やっていくなかで、もっと個別対応をしないと定着ができているかどうか心配だという声が教師から出た。そこで、これまで生徒玄関で行っていた受け渡しを体育館に変更し、各教科のブースをつくって、教科担任が対応することにした。同時に養護教諭のブースでは、心の悩み相談、それに担任とも相談できるような体制をとった。これにより、個々の学習の仕方についてのアドバイスを丁寧に行うことができるようになった。特にまだ入学式も終えていない新一年生にとっては大きな効果があったようである。

この学校での取り組みとその目的を、学校便り「Ago-j.h.s. Story」によって次のように保護者に伝えた。校長が学校の方針を丁寧にかつ簡潔に伝えることは、こんな特別な場合だからこそ必須である。もちろん、本校教職員に対しての確認の意味もある。

臨時休業中の安居中学校の取り組みについて（Ago-j.h.s. Story, No.2, 2020.5.1）

新型コロナウイルスの拡大がなかなか収束しない状態で、残念ながら福井市も授業再開はあとしばらく延期することになりました。再開の目処も立っていませんが、少なくとも連休明け二週間は自宅で過ごすことになるでしょう。部活動も自粛の状態で、これだけ休みが続くことはこれまでに経験のないことです。生徒たちは家で暇をもてあましていないでしょうか？　保護者の方も子どもの指導や食事の準備など、いろいろ大変なことと思います。

安居中の生徒たちは、自律的に学習をはじめ、今できることに取り組んでいると信じていますが、やはり、生活面、学習面、健康面、心のことなど、心配なことがいくつかあります。そこで、教職員全員で協議し、次のような対応をとることにしました。

（1）四月十日よりスタートさせた授業動画配信を継続させます。

・本校ホームページから、各教科の授業動画を見ることができます。

・新たにアップした場合、緊急メールでお知らせします。

・規則正しい学習習慣を身に付けることを

体育館に設けた各教科の相談ブース

目的としているため、二〜三日で消去します。

・Wi-Fi環境が十分でない場合も考慮し、職員玄関前にDVD貸し出しボックスを設置しています。

・ホームページでは、県や市が推奨している動画サイトも掲載しています。

・今後、一週間に一回程度の課題配付日を設定しますが、配信する授業動画は、その課題と関連深いものを心がけます。

（2）課題回収・配付のときに、生活状況や学習状況の把握をします。

・これまで玄関先で行っていましたが、体育館に場所を変え、間隔を広くとって各教科のブースを設置し、教科担任が個人の課題達成の状況を確認します。

・質問にも個別回答しますし、滞っている部分は、教科担任から学習方法などをアドバイスします。

・学級担任が、普段の生活状況を聞いて、困っていることにアドバイスします。

・生徒が毎日、体温や体調だけでなく、起床時刻や就寝時刻、ネットやTVなどに費やした時間などを記載した「健康観察表」を、養護教諭がチェックします。心の悩みにも対応します。

・時間帯を長めにとって、個別対応を充実させます。

未経験のコロナ禍にあって、教師の資質・能力が問われている。社会の変化に主体的に対応できる子どもを育むことを目指すのであるから、当然であろう。考えようによっては、子どもはいつも未知なる世界へ挑戦し続けている。むしろ経験豊富な教師の方が対応困難ではないかと心配になる。

前例がないことに戸惑う教師は多い。学校行事や日常の取り組みは、前年度のことが基準になって進められるし、教科指導や生活指導でも、先行事例が簡単に手に入る。「見本」が手近に存在するのである。それが奪われた。すると、どこかからの指示を待つようになる。授業再開の日取りなどは学校単独で決めることではないが、休業中に何をすればいいのかまで、指示待ち状態となってしまう危険性がある。これでは「思考停止」状態となり、主体性はどこかに置き去りにされてしまう[1]。自分で考えていない教育活動には愛情も力もない。逆に言うなら、コロナ禍は、教師が社会の変化に主体的に対応できる力を育む、あるいは自己評価するチャンスであったとも考えられるのである。

学校や教師が存在する価値

就学年齢を過ぎたり、自分の子どもも成人して学校と縁が薄くなった人びとも含め、今回まず私たちが考えたことは、学校の存在意義であろう。普段何の疑問もなく通っている学校の有り難さをさまざまな面で感じたに違いない。

授業の提供は、時間的にも学校の活動の大きな部分を占める。しかし、単なる知識の詰め込みなら、質の高い学習動画が多数存在し、その気になればいつでもどこでも学習ができる。受験対策などはその最たるものであろう。しかし、学校の授業は学習内容そのものだけでなく、知的好奇心や学習動機の高まり、教科特有の見方・考え方の育成、学び方そのものの習得を目指している。「学ぶことが楽しい授業」「次も学びたいと感じる授業」なである。そのためには「一緒に学ぶ仲間」の存在が必要不可欠である。「知」は、一方的に与えることで獲得されるものではなく、協働で創出・構成される。切磋琢磨し、助け合いながら支え合って学んでいく場が、学校の授業なのである。

教科以外の活動の重要性も再確認できたことだろう。「総合的な学習の時間」での探究活動は、学校での他者との関わりによって深められることが多い。こうした活動が、学校を起点に、学校外の他者との関わりも生み出している。自己肯定感や自己存在感を高め、粘り強さや協調性などの非認知能力を培うことが期待される特別活動も同様である。また、教育課程外ではあるが、部活動の存在もクローズアップされたのではないだろうか。単に勝ち負けだけではなく、目標に向けてひたむきに努力することの尊さ、リーダーシップや仲間との友情、礼儀や感謝の気持ちなど、一生の宝となる経験を思い浮かべる方は多いに違いない。バーチャルでなく、実際に体験することで学ぶことの意味は非常に大きい。このような教科の授業以外の活動が、家庭生活も含めた子どもたちの毎日の生活に、潤いやメリハリ、やりがいを生み出しているのである。

このような生徒も教師も支えあって学んでいく場である学校を支えているのが教師である。単に教科書の内容を解説しているだけの教師は不要だと断じてよいだろう。教師の自己満足にしかならない。それよりも、子ども同士や子どもと社会、子どもと教材とのつながりを大切にし、やる気を伸ばしていく教師が必要なのである。

そのために、教師は目の前の子どもを見つめる「眼」を持っていなければならないだろう。何をどのように感じているのか、あるいは躓《つまず》いているのか見極めて、瞬時に判断を下していく。子どもを知っているからこそできる対応力とも言える。臨時休業中にはこれができなかった。例えば、提出された課題だけを見ても、取り組んだ生徒がそれにかけた時間や苦労の様子がわからなければ、その生徒への声の掛け方がわからないのである。オンライン上でもなかなか難しかっただろう。相手に見せることが前提になった平板な画面からは、雰囲気で伝わる感情や心の持ちよう、変化までを感じ取ることはなかなかできなかっただろうと思う。心と心のコミュニケーションによって子どもに寄り添い、共に困難を乗り越えていくところに教師の大きな存在意義があるのだと、改めて実感することができたところである。

臨時休業中に学校や教師ができることについて、京都大学の石井英真准教授は「遠距離恋愛のごとく子どもを想うことから始め、心を通わすために手を尽くす」ことで「子どもも保護者も教師も「こころの温度」を上げていく」ことにまとめられると述べている。[2]奇しくも前述の本校K教諭は、本校の取り組みの意義について、「恋人の弁当と一緒で、手作り感が愛情を伝える」と語ってくれた。

このように安心やつながり、愛情を届けたいと多くの教師たちが願っていたのは違いないが、いざ学校が再開すると、少し様子が変わってくる。すなわち、学習内容の遅れを取り戻すことを最優先するあまり、講義一辺倒の授業になったり、受験に関係する教科以外の扱いが手薄になったり、あるいは、少なからず起きていた生活の乱れを見つけ、子どもの声を聞く以前に厳しい生活指導を優先するといったことが皆無だったとは言えない。

再開後も慌てずに子どもの様子をしっかりと見定めて、教育活動に携われる喜びをかみしめながら、臨時休業中にやろうと思ってもできなかった温かい教育活動を行うことができたとしたら、この臨時休業も価値あるものになると思う。「禍」が「福」に転じることも夢ではない。

「考える教師」がオリジナリティあふれる学校をつくる

「想定外」の事態だからこそ、教師の「考える力」が問われる。授業再開後のカリキュラムをどうするかは、すべての教師が工夫を凝らすであろう。解説の時間と量を絞り、反復練習は家庭に持ち帰らせる。臨時休業中に見通しが立ったオンラインでの配信も考えられる。そして学校では単元のなかの核となる部分にねらいを定めて、生徒同士の対話を生み出しながら深い学びに誘う。まさしく「カリキュラム・マネジメント」そのものである。

本校では、研究主任が中心となって、各教科が選んだ重要単元についての構想を簡単なペーパーにまとめ、教科を越えて語り合う機会を持った。令和二年度の本校の研究主題は「Agencyを育む学び～共に創るプロジェクト学習～」である。昨年度二月頃から臨時休業中も時間をかけて全員で丁寧に創ってきた研究主題である。プロジェクト学習は、総合的な学習の時間や特別活動だけでなく、教科学習でも可能であり、このコロナ禍だからこそ大切な学びであることを確認してきた。「考える教師」を生み出すのは、教師の協働である。そして教師の協働は、常に「なぜか」を問うことができ、思いをいつでも伝えられるような土壌の上に成り立っている。

いくら綿密な計画を立てても、予測不能な状況下ではあくまで「仮」に過ぎない。マニュアルも正解もない。しかし、納得解や最適解に近づくためには、どんな判断や決断であろうと、そこに至るわかりやすいストーリーを創ることが不可欠である。そのことをコロナ禍で改めて学んだ。たとえ教育委員会の指示だろうと、「～の指示だから」で終わらせては思考停止状態となる。自分の言葉で紡ぎ上げないと組織は動かない。保護者や生徒の声を敏感に拾った若手の発想が今回のコロナ禍で特に重要であったように、提案も校長からだけでなく幅広く受け止めたい。それらの意図を汲み取ってストーリーを創り上げることは、内部を動かすだけでなく、外部に対しての説明責任を果たすことにもなるだろう。

ポストコロナに向けて重要なのは、与えられたことをそつなくこなす教師集団ではなく、柔軟なアイデアを生み出す土壌をもつ教師集団である。そのことを今回のコロナ禍で改めて確認できたと思う。そのために、校長は、トップダウンでなく「こんなことが面白そうだからやってみよう」という雰囲気を持つ場をつくる役割を担うことになりそうである。実行への決断には、社会情勢を読み、外部の人の話に耳を傾けることがますます重要になるだろう。これからは、「学校」の果たす役割を、「学校」のなかだけで通用することに終始しないで、社会全体のなかで客観的に捉えることが求められるのではないだろうか。

また、コロナ禍では「できること」「できるところ」から動き出すことが求められた。そのことが今後は、特に公立学校で根強い同調主義や横並び主義を見直すきっかけになるのではないかと期待している。地域の願いや実態などに違いがあるのは当然なのだが、これまではその違いに目をつぶってきたように思う。「出る杭は打たれる」状態が少なからずあった。

「いつでも、どこでも」汎用可能な方法ではなく、「今の、目の前の子どもたちにとって」

効果的なアイデアを柔らかな土壌で生みだしてストーリーを創り、オリジナリティあふれる学校マネジメントを実現させたい。ポストコロナにおいて校長が担う役割は、一層面白みを帯びてくるのではないだろうか。

注・参考文献

［1］横浜市立日枝小学校の住田昌治校長は学校の問題点を「学校が自分で「考える」という経験に乏しいことだと思うのです。「自分たちの学校ではこれが必要だから、こうするんだ」と自分で考えない」と指摘している。板倉寛・住田昌治「Withコロナの時代、自分たちの学校は自分たちでつくろう」『教職研修』二〇二〇年七月号、教育開発研究所

［2］石井英真「特別寄稿　いま授業を問う」京都大学大学院教育学研究科、E-FORUM、二〇二〇年など。

解説

コロナ時代の学校の役割

秋田喜代美

コロナがかけたストレス

新型コロナウイルスは教師たちにどのようなストレスをかけたのか、そのことを約四百名の小・中学校、高等学校の教師にアンケートした調査があります。[1] 調査によって明らかになったのは、危機的なストレス状態におかれている教師が高い比率で存在すること、教師たちは消毒や健康管理などの追加業務によって生徒との細やかなコミュニケーションが取れず、指導を充実させることができなかったことに大きなストレスを感じているということでした。とりわけ、組織風土がうまくできていない学校の教師や、若手の教師たちに大きな負担がかかったということもわかってきました。

コロナ禍は、それぞれの学校が自律的に考えて動かなければならない場面をたくさんもたらしました。行政もこうした事態には慣れていないため、指示や情報はとかく遅れ、教師たちが充分な情報やオンライン学習の設備などもなく学校として独自に判断し取り組まなければならない場面も多くありました。いわば、学校とは一体どのような場なのか、コロナ禍によって改めて問われたのだと言えるでしょう。教師たちへの負荷が大きく、柔軟に動いてゆくことが困難だった学校と、現場の工夫が発揮され柔軟な対応が可能だった学校との違いも大きく現れました。休業中もまた再開後においても「三密回避」のなかでどの教師においても、学校とはどうあるべきかの問い直しが行われ、学校長の裁量、あり方が大きく問われました。その結果、今、学校のあり方が大きく変わってきていることがはっきりと見えるようになりました。

牧田先生の学校のすばらしいところは、そのような状況下の早い段階で、楽しみながらオンライン授業に取り組んだK先生の存在でした。休業を余儀なくされた期間、それぞれの学校で多様な対応がなされました。そのなかでも、自分たちでも操作可能なスマートフォンという身近な道具を使って、学びを保証する実践をされたところに大きな価値があります。そして学びの保証ばかりか、授業の理解に不安のある生徒の個別相談というさらなる価値も付与していった。こうした対応からも、この学校には、学校がどういう場であったら良いのか、ケアと教育の二つの面から、教員が協働し新たな事態への対応を学びあって考えていった姿、それによってケアリング・コミュニティを形成していった姿を読み取ることができます。

また、保護者に、学校や授業の様子を不安なく適切に伝えてゆくという校長の役割はとても重要でした。行政の判断や情報を伝えるだけでなく、教師自身がどう取り組んでいるかをリアリティをもって発信していた校長通信から、保護者や生徒と一緒になってつながりあい、コロナという新しい事態に対応し、動いていった姿がよく伝わってきます。

これからの学校の四つの方向性

ＯＥＣＤは二〇二〇年、「未来の学校への四つのシナリオ」というレポートを発表し、これからの学校の存在意義を予想しています[2]。コロナ禍のさなかにこのレポートが発表されたのは偶然ですが、今露わになった学校の姿と照らし合わせてみましょう。

このレポートによれば、第一には、従来の学校教育がこのまま拡張されてゆくだろうという予想（School Extended）です。ポストコロナでは学校のあり方は変わると言われていますが、今の状況を乗り越えたら、また元どおりの姿に戻り、コロナ以前に考えられていたあり方から変わることなくそのまま進んでゆくことと言い換えられます。

第二には、学校が学校外企業などへアウトソーシングされること（Education Outsourced）です。デジタル技術を基盤として、現在の教育のあり方が学校以外の場としての教育産業などに分裂し、より柔軟なサービスをとおして教育が保証されるようになってゆくという予想です。コロナ禍で試みられた変化や努力を一時のものとせず、これをてこにして変化してゆくことです。実際、オンライン授業によって不登校の生徒も含め、教育に参加しやすくなった側面もあります。こうしたネットワークを利用することで、学校教育がどんどんアウトソーシングされて、教育産業などへ特定の機能が分断されてゆく危険性も指摘されています。

第三には、学校のなかだけが学ぶ場なのではなく、学校と地域や学校間の連携によってさまざまにコミュニティとの壁がなくなってゆき、つながりあって共に社会の問題解決を探求してゆく公教育の場としての学校の姿も見えてきます（School as Learning Hubs）。本書にも牧田先生の学校の総合的な学習の話が出ています。このような事態にあって、ドリル的な学習、一方通行の講義による詰め込み型の授業になったケースもあった一方で、積極的にさまざまな専門家とつないだり、生徒たちが自分たちで主体的にネットワークをつくっていった姿も見られました。このように、学びの場が学校という閉じられた空間に限定されるのではなく、学校の壁を越えて開かれてゆくだろうと予想されています。

レポートで最後に挙げられているのは、学校が学ぶ主人公である私たちが必要とするときに存在するような場となるだろうということです（Learn-as-you-go）。公的な学校教育施設がなくなるかわりに、生涯教育という観点から生徒を受け入れる場に変わってゆくだろうという予想ですが、これは義務教育段階というよりも、高校や大学、大学院などについて今後より当てはまる姿となると考えてもいいでしょう。

またカリキュラムについて、デジタル教科書や一人一台端末が日本では議論されています。OECDはカリキュラムイノベーションの方向として、カリキュラムのデジタル化、教科領域横断のコンピテンシーベースのカリキュラム、柔軟性のあるカリキュラム、そして個別最適に仕立てられたカリキュラムを唱えています。[3] カリキュラムのデジタル化は決してデジタル教科書という話だけではありません。意図したカリキュラムだけではなく、実施したカリキュラム、そして生徒の学びの履歴としての経験したカリキュラムなどをデジタル化していくこと、そして一方向のカリキュラムではなく相互作用的な（interactive）カリキュラムがデジタル化だからこそ容易となると考えられています。また、教科横断と総合的な学習の時間という話だけではありません。教科間をとおして重要な概念を捉えていくこと、たとえば関係性や変化などの捉え方を各教科を超えてどのように学習していくのかなどが大事な点となります。柔軟性という点では学校の自律性をベースに、生徒の実態に応じて、ということが鍵となります。個別最適なカリキュラムについても、AIドリルによる個別最適化がDeep Learningで実現するという発想だけではなく、子どもの実態に応じた、その特性を生かした形に仕立て上げていく、教師の学びの環境のデザイン能力が求められています。

未来を問い直す学校

今日教育の格差が大きくなり、教育の市場化が進むなかで、日本はOECD諸国のなかでもICTの設備の普及が最も遅れ、必要な知識を持っている教員の数も最も少ない、と質問紙調査結果からは報告されています。その姿がコロナによって顕著に現れました。そして、今後私たちが何を大事にしてゆくのかを切実に考えるきっかけとなりました。

牧田先生の学校が、コロナによる臨時休業以前から設定してきた研究課題「Agecyを育む学び〜共に創るプロジェクト学習〜」に取り組んでいる姿が印象的です。一方通行の情報型の授業から、生徒同士のつながりを広げ、生徒が主体になる学びを目指してゆく。コロナ禍だからこそ、何ができるか、何を引き受けられるかを生徒自らが問うてゆき、考えてゆく姿が目標として見えています。そして校長は、通信を発行することによって、この学校にしかない独自のあり方はどういうものかを問うています。

一人ひとりの生徒が自分たちの展望と希望を持って学びを享受してゆく、そのような展望をもった学校をどう実現してゆくのか。言い換えれば、一人ひとりの生徒が自分たちの物語り、ストーリーをどうやって創っていくのか、そのための学校カリキュラムはどうあるべきか、学校マネジメントはどうあるべきか、それらが今問い直されています。牧田先生たちの取り組みの実際は、続く第一章以降に描かれています。

注・参考文献

［1］有井優太・今村健大・渡部裕哉・岩堀翔太・小俣海斗「コロナ禍における教師の心理状態：バーンアウトとレジリエンス概念を手がかりに」東京大学大学院教育学研究科紀要第六十三巻、二〇二一年（印刷中）

［2］OECD, *Back to the future of education: four OECD scenarios for schooling*. Paris, OECD Publishing, 2020.

［3］OECD, *Curriculum (re)design: A series of thematic reports from the OECD Education 2030 project overview brochure*. http://www.oecd.org/education/2030-project/contact/brochure-thematic-reports-on-curriculum-redesign.pdf

第一章

校長は毎日何をしているのか

授業はしない、明確な業務の割り振りがあるわけではない、ましてやいつも学校内にいるとは限らない校長。本章では、校長になって初めて理解できる、校長の職務と専門性について解説する。そして、その解説に不可欠な、私が現在に至るまでに強く影響を受けたお二人の校長先生を紹介し、私の校長としてのアイデンティティを紐解くこととしよう。

第一節　校長の日常

いろいろなタイプの管理職がいる。私も何人もの方の下で仕事をさせてもらってきた。若輩ながらいろいろなことを感じたものだが、当時抱いていた印象と今とでは、随分とらえ方が変わってきている。

例えば、些細なこともほとんどすべて自分自身で決断を下す校長がいた。いつも担当の教員に直接指導する校長がいた。大規模校でありながら、通知表に載せる成績を担任と共に生徒一人ずつチェックする校長がいた。正直、なんて厳しいのだろう、なんて細かいのだろうと思った。しかし、それは強烈な責任感がそうさせたに違いない。学校の責任者であれば、失敗はできないのである。

逆に、若手にもある程度自由にやらせてくれる校長がいた。本当に何でもやっていいのか、放任主義かなと不安になるような校長もいた。それは、やることによって学ぶ、育つ、という信念があったに違いない。学校を不在にすることが非常に多い校長もいた。しかし、今ならわかる。校外で多くの役職を担っており、それぞれの責任を果たすべく、やむを得ず学校を留守にしていたのである。地域の方々とのさまざまな依頼や打ち合わせ事項もあったに違いない。直接会って話をすることが非常に重要だったのだと想像する。今と違って通信手段が限られていて時間を必要以上にとったことも関係しているかもしれない。

校長を支える教頭にもさまざまなタイプの方がいた。若手が直接校長に話をしようとするのをやめさせて、まずは自分に話をしてくれと言った教頭がいた。なぜ直接話をさせてくれないのだろうと思ったこともあるが、今ならわかる。校内のすべての情報をキャッチし、課題を整理してから校長に相談するという手順を踏んだのである。コンピュータの前からなかなか離れない教頭がいた。こちらも理解できる。さまざまな文書作成や会計整理など、事務処理をしなければならない業務の量がすごいのである。それとは逆に、いつも校内を歩いている教頭がいた。特に授業の様子を観察するでもなく歩いている。もちろん、校内に危険な箇所がないか、不具合が起きている箇所がないか、常に校内の安全管理に気を配っていたのである。学校の安全を守っている。したがって、安全面に関する厳しい指導も当然起こりえる。

校長に求められる任務と苦労

校長の苦労は計り知れない。なにしろやるべき仕事が非常に多い。特に最近は学校に関係する課題が加速度的に増えてきている印象がある。

まずは生徒指導関係。一昔前は「反社会的行動」が大きな問題だったが、現在はそれ以上に大きな問題になる可能性を秘める「いじめ問題」、それと関連が深い「SNSに関する諸問題」は、表に見えにくくなっているので対応が非常に難しい。不登校に代表される「非社会的行動」もなかなか減少傾向にはならない。発達障がいの子どもの割合も多く、生徒理解にかなりの労力を要する。地震や火災、不審者等に対する危機管理の問題も重要である。命に関わることを保証するのは、子どもを預かっている側にとっては最低限の義務である。信用失墜行為の防止、守秘義務の徹底等、教職員の服務管理についても、ことが起こってからでは遅いので気を引き締めていなければならない。

毎日の学校生活を思い起こしても、学校に求められる要求は広範囲に渡る。「学力向上」「新学習指導要領への対応」や「地域との連携」が至上命令とされており、「学校評価」にも直接反映される。「〇〇力の育成」というものを挙げればきりがない。「保護者対応」もだんだん難しくなってきている。その間隙を縫って「校長講話」を考え、「校長室経営」を考える。

業務は学校内のことだけにとどまらない。校長会をはじめとするさまざまな組織に所属して打ち合わせを重ねるのは当たり前で、「〇〇長」として責任者となって自ら運営をしていかなくてはならないことも多い。

これらのことは、四月一日から実際に求められる業務であり、逃げられない。といってもすぐに身につく能力ではない。それぞれについてマニュアルを紐解くことも必要である。現に、さまざまなマニュアルが多くの書籍になっている。読み込んで、先輩の話を聞き、少しずつ自信を持って対応できるようになる。無事に過ぎてくれればいい、今が精一杯、という気持ちも当然である。一般教員として眺めていただけではわからなかったが、校長の立場になった今だからこそ、その苦労が身にしみて理解できる。

「管理職」と名前がついてはいるものの……

無事に学校を運営することがまず求められるのであるから、管理職はやはり「管理」の側面を持つのは責任者として当然である。危機管理や財務管理、教師の服務管理や目標管理などである。しかし、自分自身を省みるなら、「～しなければならない」とばかり言われてきたわけではない。「こういうときはこういう対応を」と、マニュアルをたたき込まれたということでもない。もちろん放任されてきたわけでもない。そこには、やる気にさせ、その気にさせながら、教員としての資質・能力を培っていく教育の世界ならではの術がある。しかも、思い返せば、お世話になった校長先生は皆、個性的で魅力的である。時代を越えて人を惹きつける。

第二節　私のなかで生き続ける校長先生

私が直接お世話になった校長先生は、どなたも魅力的な方ばかりだが、なかでも特にお二人の先生が心に残っているので紹介したい。教師としての恩師であり、「教育とは何か」という本質に立ち返らせていただいた方である。きっと誰にも心を揺さぶられた師と呼べる方がいるだろう。そんな方々に思いを馳せると、自分のルーツが見えてくるように思う。

笠島清治校長先生の卓越した専門性と先見性

最初に紹介するのは、教職の奥深さに気づかせてくださった笠島清治校長先生である。新採用から二校目の大規模校。その学校での六年目、七年目（私が三十一歳、三十二歳の頃）勤務のときにお世話になった。いつも泰然自若としており、威厳も十分で、絵に書いたような校長先生であった。カミソリのような切れ味鋭い弁舌が特徴で、校長先生最後の卒業式の式辞は、学校の成り立ちからの歴史や学ぶことの意義まで、二十分はあっただろうか、一度も手元を見ることなく、前を向いて朗々と語られたのである。あんな芸当は絶対にできないと心底感動した。

実は、個人的にたいへん大きな恩がある。若気の至りで自ら招いてしまったトラブルを、体を張って解決してくれたのだ。私のことも守ってくれた。「任しておきね」と、いつものように堂々と、しかも眼を細めた親しみを込めた笑顔でおっしゃってくれた。トラブルとなった内容はもちろんそれ以降も忘れたことがなく、戒めとなり指針となったが、それ以上に、校長先生の大きな懐に強い感銘を受けた。絶対に恩に報いなければならないと堅く心に刻んだ。

社会科の教員であった校長先生の特に歴史分野に関する専門知識は、まさに学者レベルで、門外漢の私にもそのことは十分伝わってきた。社会科の教師を誘って、勉強会や飲み会などをよく行っていたのが耳に入り、うらやましかったものだ。直接指導を受けてみたいとずっと思っていたが、歴史とは縁の遠い数学科の私にとっては、無理な話であった。

しかし、ある日、校長先生が私の席に来て、「これを読んでおきね」と、ねずみ色の薄い小冊子を手渡された。それは文部省（当時）が作成した、「中学校学習指導要領解説総則編」であった。百円にも届かないくらいだったと思う。当時は学習指導要領と言えば、担当の中学校数学科の分しか目を通していなかった。それにしたところで、特に熟読していたわけではなく、指導内容を確認していた程度である。そんな私が小冊子を開いてみて感じたことは、「なんと当たり前のことが書かれているのだろう」というだけであった。新しい情報は何もない。何の感動も受けない。しかし、それはもちろん小冊子が悪かったのではない。ひとえに、私がそれらの重要性に気づくだけの教育的教養を持ち合わせていなかっただけである。部活動と、テストの点数を上げることに躍起になっていた私への戒めだったのであろう。後に自分が、中央教育審議会で学習指導要領について議論する「教育課程企画特別部会」に委員として所属することになろうとはそのころ夢にも思わなかった。今なら「総則」の持つ意味の重大さが痛いほどわかるし、当時の笠島校長先生の「先を見る目」の確かさに改めて気づかされる。

私は笠島校長先生が退任する平成四年度末に、別の中学校に異動となった。驚いたのは、離任式のときの、私を紹介する校長先生の話のなかで、「牧田先生は、これから本物の数学の教師になる道を選びました」とおっしゃった一言である。もちろん事前にそんな話をしていたわけではないし、異動先での業務については特に何も考えていなかった。しかしその一言を聞いて、これは絶対に本物の数学の教師にならなければ、とステージの上で決意した。まだ本物とは認めてもらっていないようだが、その可能性くらいは見つけてくれているのかもしれない、と身震いがした。

学校教育のなかで一番大切なことは、やはり学習指導であると思う。学校生活で一番時間を掛けているのが授業であることは事実だし、そもそも教師の道を選ぶのは、思い出に残るような魅力的な授業をして、子どもたちに豊かな学力を培いたいと願うからであろう。私もそんなふうに教師への道を志したひとりだ。学ぶことの重要性を心に深く刻ませてもらった校長先生であった。

忘れられない一言に、「難しいことを難しく言うことは誰でもできる。難しいことを簡単にわかりやすく言うことが、本当に難しくて大事なことなんだ」という言葉がある。これはまさしく現在私が意識して取り組んでいることである。亡くなられてずいぶん経つが、今も私のなかで生き続ける偉大な校長先生である。

師と仰ぐ山下忠五郎校長先生

次に紹介するのは、私が管理職を志すきっかけとなった存在で、現在も常に目標としている山下忠五郎校長先生である。「夢を語ろうさ」とさわやかな笑顔で語りかける先生とは、五校目の勤務校での二年目に出会い、三年間お世話になった。教員生活二十四年目（私が四十七歳）のときである。当時私は中学三年の学年主任と研究主任を兼ねており、いわゆるミドルリーダーという存在であった。折しも福井市の研究指定校として新たな学校づくりに向けて動き始めていた頃で、学校は活気に満ちていた。「とにかくやってみようさ。駄目だったらやめればいいが。責任は私が取るって」というのが、先生の口癖のようになっていた。

毎朝行っていたのは、校長、教頭、教務主任、研究主任の四人で、どのような学校にしていくといいかという話し合いである。校長先生がいつもおっしゃっていたのは、「子どもを信用しよう」「子どもは力を持っているって」という言葉。子どもに未来を託し、共に歩もうとする熱い思いが伝わってきた。教師はとかく子どもが失敗しないように指導し、道案内するのが当たり前だと思っている。校長先生は「教師が何でも先回りしすぎ」「それでは子どもを殺してしまう」とよくおっしゃった。「子ども第一」と考えていない教師はいるはずもないのだが、実はあまり子どもを信用しきれていなかったのかもしれない。校長先生は心底子どもを信頼していた。

具体的にいろいろな動きがあった。折しも、勤務校が研究指定校になったのは移転改築のタイミングであり、いろいろなルールの変更が必要になった。例えば、生徒の自転車通学については、それまでは、地図上である直線距離以上の生徒に許可をするというものだったが、山下校長先生が「乗ってきたかったら乗ってこさせればいいが」とおっしゃって距離の規制はなくなった。部活動もあって下校時刻が遅くなる生徒も多いから認めればいいけれど、そのかわり、交通ルールの遵守は自己責任。生徒を一人前の人間として扱っているのである。

保護者会は、三者懇談会にした。それまでは保護者と担任の懇談であり、当人を入れるのは中学三年生の進路決定のときのみであった。これは、実は、生徒の人権を最優先するための変更であった。私もまねをさせてもらったので、後述することにする。

卒業式は、卒業生と在校生が対面し、しかも、少し在校生が卒業生を囲むような隊形をとった。生徒たちが卒業生を送り出す会としたのである。

公開研究会のときも、全体会の挨拶は校長でなく、生徒会長であった。たくさんの来校者を案内するのは生徒たちであった。主役はあくまで生徒たちなのである。高価な美術作品などを校内に展示するときも、何か柵を作らないと危険だという教員に、「大丈夫、いい物とわかれば変なことしないって」と言って、生徒の作品展示と同様に飾り気なく展示した。「やらせればいいが。できるって」。この一言が、学校をあずかる校長としては、なかなか言えないものである。

性善説は子どもに対してだけではない。教師に対しても同様であった。私たちが出すさまざまなアイデアをほぼそのままやらせていただいた。当時研究主任をしていた私に対しても、授業改善の取り組みなどについて、ほぼすべて任せていただいた。任せられると力が湧くのは私だけではないであろう。信頼が学校の屋台骨だったのである。

地域の学校をつくる

地域連携は学校にとって重要な使命である。しかし実際に動こうとすると手続きや共通理解をつくり上げるのが難しく、なかなかスムーズには進まないものである。しかし山下校長先生は見事にやってのけた。とにかく直接会って話す。学校でやっていることを話して、地域の学校として地域の方を巻き込むアイデアを次々と生み出した。

新校舎はアイデア満載の斬新な造りで、多くの訪問者があったのだが、地域の方々に学校案内ボランティアを募った。大人に対してばかりでなく、例えば新入生に対しても、地域の方々が案内をしてくれた。当然学校が目指している教育の在り方も理解してもらってのことである。案内だけでなく、地域の方の授業参加や子どもたちの地域行事への参加など、地域で学校を盛り上げていく取り組みの中核メンバーができあがった。学校サポーターである。地域の方々の芸術作品などを展示するコーナーも設置した。学校祭には非常にたくさんの人が集まった。学校行事に参加するというよりも、地域の行事が学校で行われているという感じであった。学校と地域がウィン・ウィンの関係で結ばれたのである。校長先生が常々おっしゃっていた地域の学校を、やがて目の当たりにすることになったのである。

どうしてこれほどまでに地域との関係を大切にするのかお聞きしたことがあるが、「教員は異動があるけど、地域の人は異動がないからなあ」と涼しい顔でおっしゃった。目から鱗とはこのことである。口で言うのはたやすいが、実現には果てしのないエネルギーが必要だっただろうと容易に想像がつく。皆、校長先生の熱に共感し、情に触れて継続的な関わりとなったのである。山下校長先生との出会いがなければ、私は校長職を志望することはなかった。

山下校長先生と出会った当時、私は、数学の授業をするのが楽しかった。カリキュラムを考えるのが楽しかった。部活動指導も楽しかった。その前の勤務先が県の教育行政機関で、生徒たちとの直接の関わりがなかったことの反動もあり、教師としての楽しみと喜びを、殊の外強く感じていたのである。

しかし、ミドルリーダーとして、山下校長先生の姿を身近で見るにつれ、教職に対し、授業や部活動、学級や学年指導ということ以上の魅力を発見した。大いに夢を語り、教職員と志を一にし、保護者や地域の方の思いを手繰り寄せ、皆で力を合わせて生徒たちを成長させていく。教職員も、保護者や地域の方も、もちろん生徒たちも、皆個性を発揮して輝いていた。その仕組みを創り、コントロールしていく山下校長先生は、そのとんでもない大仕事にいかにも楽しげに取り組み、一つ一つ夢を実現させていった。その姿があまりにも魅力的だったのである。そういうわけで、当時同じ学校に勤務していた同級生で私の盟友でもある教師と共に、管理職への道を志し、現在に至っている。

校長の日常は「判断」と「決断」の連続

校長は、教頭とはもちろん、主な中心メンバーとは特に、フォーマル、インフォーマルを問わずいろいろな話を聞き、話をする。各学年の学年経営、各校務分掌や各教科指導の進捗状況、学校行事の予定や内容、気になる個々の子どものこと、対外的な活動のこと、話題は尽きない。そして授業や生徒会行事を参観して、実際の子どもの様子を把握する。それらの情報を総合、整理して、状況を「判断」する。判断材料となる信頼できる情報を組織的に得ることが欠かせない。そのために日頃の他のヒト、他のモノ、他のコトとの関わり方が大切になってくる。

さらに、状況判断をしたら、いつ何をどのように実行するかの「決断」を迫られる。迅速な対応を求められることもあるが、中期的・長期的な決断を下さねばならないこともある。決断の基準には校長の個性も含めた教育哲学が大きく反映される。一人で決断するのであるから精神力が要求され、人間的な器の大きさも必要だろう。

さまざまな情報収集をもとにした多面的・多角的な「判断」と、子どもやその保護者、生活もかかっている自校の教師も含め、たくさんの人が関わる自校の教育の在り方を左右することになる「決断」の連続。これが本章のタイトルに対する私の回答である。

「どうやって」の前に、「なぜ」「何を」

判断や決断に至るには、「こういうときはこうする」というハウツー形式の知識も当然必要である。しかし校長としての私は、これまでの経験から、それ以上に「なぜ動くか／動かないのか」「何のために動くのか／動かないのか」「何を求めているのか」「何につながるのか」、そして、「（無限に選択肢があるなかで）何を仕掛けるのか／仕掛けないのか」といった、根っこの部分が非常に重要だと考えている。すなわち、学校をどのような場と考えているかが判断と決断の分かれ道となるのである。これを言語化して、明確に論理的に子どもや教師や保護者に示すことができれば、まわりを巻き込んで教育活動ができ、効果も期待できるであろう。

校長一人では学校は動かない。私を虜にした大校長先生たちは、この根っこの部分が明確であったし、個性的でもあった。魅力的であった。これがまさに、校長の専門性と言えるであろう。

解説

学びの物語りの発見と共有

秋田喜代美

学び舎の顔としての「校長先生」

行政で使用される「管理職」という語ではなく、「校長先生」という仕事の専門性とその姿を一人の校長である牧田先生の語りをとおして考えることが、私が牧田先生と共にこの本をつくろうと思った出発点にあります。学校教育法第三十七条において「校長は、校務を掌り、所属職員を監督する」とされています。そしてさらに校務としては「1、教育課程に基づく学習指導などの教育活動に関する面、2、学校の施設設備、教材教具に関する面、3、文書作成処理や人事管理事務や会計事務などの学校の内部事務に関する面、4、教育委員会などの行政機関やPTA、社会教育団体など各種団体との連絡調整などの渉外に関する面」があります。牧田先生が本章で書かれているように、今日では、さまざまな側面で学校の運営を管理することが求められています。しかしながら管理するというマネジメントだけではありません。子ども、教師、保護者、地域等、学校という場に関わる人が互いに学び育つ公共の学びの場を創りだし、学校の展望とそのための日々の具体的なあり方を共に考えながら生み出す教育リーダーシップを担う存在として、校長がそのキーパーソンであると私は考えています。つまり校長は、子どもたちにとって、保護者や地域の人たち皆にとって、その学校を代表する「教師」でもあり、地域の学び舎の顔であり、学びの方向性を示す羅針盤の役割となる人でもあるのです。

アメリカやシンガポールなどの国では、学校経営の専門職学位を取った人が学校経営者としての校長になります。それに対して、日本や中国、韓国等では教師として生きるキャリアの一つとして、教頭や副校長、校長等管理職の道があります。それだけに、教師や子どもたちのことを深く理解し、そしてそれらの人が育つ、育ち合う場をいかにつくっていくかという校長の役割は大きい。学校教員にとっても、「あの校長だからついていける」と信頼され、頼りにされあこがれる存在でもある。その専門性とは何か、私が本書で問いたいと思ったのはその内側からのまなざしで問う視点です。牧田先生が書かれている笠島校長先生や山下校長先生の姿には、その姿を読み取ることができます。マネジメントとリーダーシップは同じではなく、車の両輪です。円滑かつ効率的な運営のためにはマネジメントが必要ですが、現在の学校にはそれだけではなく、先見性が求められるのです。

ハワード・ガードナーは著書『20世紀の光と影「リーダー」の肖像』で、リーダーは、ストーリー（物語り）を内輪だけではなく、より広く共有できるようにし、組織アイデンティティをつくり具現化できる人と述べています。[1] すでに起きた学びのストーリーを見出すとともにこれからの未来の学びのストーリーを思い描くことができ、広くそれを内外の人と共有していくことができる人と言えるでしょう。それはつまり、自らがリーダーであるだけではなく、次世代の教師たちにも夢を与え、憧れを生み、次世代リーダーを育てていくことができる。そしてその学校の学びの物語りを教師、生徒、保護者そして地域の人々と共有することで学校文化を創り継承していくことができる。そんなリーダーシップとも言えるでしょう。

校長の専門的資質を問う

私は、校内研修に呼んでいただくなどの御縁を得て、実際にいろいろなタイプの校長先生に小中高等学校と異なる学校種で出会ってきました。もちろん学校種により異なる点もあります。学校のビジョンや学びの物語りをどのように思い描き、それをどのように教員と分かち合うか、また行動として日々校長先生がどこにどのようにおられるか、校内研修などへの関与の仕方をとっても、本当にさまざまです。それによって、教師が意欲を持ち専門性を高め育つ学校主体性（school agency）が高く、結果として学校効力感（School efficacy）が高い学校とそうでない学校があります。また、教師も生徒も生き生きとして、School Well-Beingの高い学校とそうでない学校が生まれています。学力だけでなく、個人の、そして学校や社会のwell-beingが問われる時代です。

このことには学校が置かれた地域の抱える課題や特徴も関係しますが、それだけではないことも実感してきました。校長が変わることでこんなに学校は変わるのだという例を肌身にしみて感じてきたのです。それが良い面にでると、さまざまな可能性が引き出され、学校はますます魅力を増す。一方、時には教師の熱や思いが一気に下がっていったり、教師間が分断していく場合もある。いつも外の会議で忙しい校長先生もおられれば、「校長が急いで動き回っていたら学校が落ち着かなくなりますよ」と言われる先生もいらっしゃいます。小学校の例だが、校長先生と廊下を歩くといろいろなところで子どもたちが「校長先生だ！」と抱きついてきたり、話を聞いてもらいたい子どもが寄ってくる校長先生がいる。そうした校長は実は子どものことも授業のこともよく見えておられる。だから子どもとの距離が近しいと感じられる先生もあれば、その対極の姿もあるのです。

しかし私は、公教育の場が、校長の異動によりそんなに変わってよいのかという思いから、持続可能な学校文化の在り方にも関心をもってきました。

現在若手世代のなかでは、教員志望者は危機的に減っています。そして、教師になってさらに学校管理職へ志願する者も減っています。二〇一八年教員約二万四千人を対象にしたウェブ調査では「管理職にぜひなりたい」「できればなりたい」との回答は男性は二九・〇%、女性が七・〇%。男性にくらべて女性が低いだけではなく、男性もまた必ずしも多いとは言えません。[2] つまり、多忙化は見えても、魅力は見えていない。管理職としての校長の魅力をこれからそうした道を歩む人に伝えることが必要ではないか。そのためには、いろいろな校長の姿もありだが、たった一人の校長の仕事とそこにある専門性を紐解きながら「教育のリーダーシップ」の具体像や魅力を伝えることができるならば、と感じ始めました。

実は私は、牧田先生が中学校の数学教師であり、研究主任であったときに出会ってから、教師、教育行政、副校長、校長への歩みに同行させていただいてきました。そして、副校長先生になられてから出されている通信を読ませていただきながら、そこにある教育のリーダーシップとしての専門性を読み取ることができるのではないかと考え始めました。本書はそうした意味で、牧田先生の校長先生としての奮闘記であると共に、教育学者である私にとっては、公教育を創る教育リーダーの魅力とこれからの可能性への挑戦を、対話を通して試みる本でもあります。そのような視点で、牧田先生の本文と私のコメントを読んでいただければ幸いです。

注・参考文献

[1] ハワード・ガードナー『20世紀の光と影「リーダー」の肖像』山崎康臣・山田仁子訳、二〇〇〇年、青春出版社

[2] 飯島絵理「学校教員の男女格差とジェンダー観：公立小中学校本務教員を対象とした調査の結果をもとに」工学教育研究講演会講演論文集、二〇一九（〇）、二五八—二五九頁、https://doi.org/10.20549/jseeja.2019.0_258

第二章

学校は学び育つための場所である

各学校は、各校長によって責任を持って運営される。しかしその学校は、急激な社会の変化への対応などから、本来の役割が置き去りにされている現状が少なからずある。本章では、「学校は学び育つための場所である」という大前提を捉え直し、学校でできること、その校務を司る（学校教育法第三十七条）校長ができること、そして校長の専門性を、子どもと教師と校長の関係から述べる。

第一節　本来の学校の姿

学校は思った以上に保守的である

社会は急激に変化している。情報技術の飛躍的な進歩、それに伴うグローバル化は、これまで不可能だったことを可能にし、生活に大きな変化をもたらすだろう。しかし、少子高齢化、エネルギー問題、経済格差など、解決困難な問題も山積しており、それらが複雑に絡み合って、数年先の未来すら予測困難な時代となっている。人工知能学者オズボーンらによって、近い将来、今の職業のかなりの割合が存在しないという予想が幾つも出されてきており、社会の変化は誰もが実感しているところである[1]。しかし、将来の世界を担うことになる子どもたちの教育を司る学校は、一般企業や官公庁、研究機関ほどの切実感を伴って社会の変化を受け止めきれていない。これからの時代に求められる力がこれまでの社会で通じるような力とは違うことは明白なのに、「伝統」という名目で、あるいは「不易と流行」の「不易」を盾にして、前例踏襲が繰り返されている現実が少なからずある。

「伝統」や「不易」を否定するわけではない。むしろ、これまで我が国が長い歴史のなかで連綿と大切にしてきた、規律ある生活態度、友愛や敬愛の精神、公正・公平な判断、さらには根性や耐え抜く力といったたくましく調和のとれた精神を培うこと、同時に、適切な運動をとおして健全な体力を養うこと、さらには豊かな感性や感動する心などは、人としての根幹に関わることであり、不透明な時代だからこそ今後ますます重要であると思う。「知・徳・体」をバランスよく育んできた我が国の伝統は不滅であろう。

ただし、主体性が大切だからといって、「主体的に考えよう」と促しても、何の知識も技能もない状態では窮するだけである。「知識」そのものが悪いのではない。基礎的な知識や技能はこれからも形は変えながらも必要とされるだろう。しかし、わけもなく暗記するような「知識詰め込み型」の学習がこれからの時代にはなじまないということである。

私たちは闇雲に伝統を守るだけではなく、その中身を吟味することが必要なのである。

「教室は間違うところ」ではなかったか?

なぜ保守的になるのか。最も大きな理由は、心配ごと（事件や問題）をなくしたいからに他ならない。特に校長ならば共通の思いだろう。事件や問題をなくすために、うまく対処した前例を調べて、大事件にならないように事前に手を打っておくことは当然の策である。そうやって平和で安全な学校が守られていくのであるから。

このこと自体は悪いことではない。しかし、心配ごとを減らすためとはいえ、学校という限られた社会のなかでしか通用しないような方法で管理していくのはどうだろうか。例えば、生活が乱れないように校則で細部まで縛り、全教員で一丸となって徹底して守らせるということが、本当にこれからの時代に求められることなのだろうか。鞄をはじめとした持ち物の色や形が指定されていたことがあった（今でも指定しているところもあるだろう）。その指定を解消して自由にするということに、教員は抵抗を示す。なぜなら、変更したことがもとで生活が乱れるようなことになりはしないかと危惧するのである。心配が現実になることが嫌なので安定路線で前例踏襲となる。もちろん生活の乱れも起こらないから、これでいいのかという疑問は起こらない。

また、例えば、鞄の色を三色程度に指定したものの、その境界が不明瞭だとしてさらに細かい色指定を付け足していくといったことが皆無ではない。むやみに細かい「指導マニュアル」を携えた教師が、それをもとにして確実に指示に従わせることで生徒が落ち着いた生活が送ることができているとして、それが正常だろうか。そういう学校を望んでいるのであろうか。

大きな事件や問題を回避するためのさまざまな予防線という大がかりなことでなくても、子どもたちをレールに乗せてしまおうという管理的な考え方が、教室でも見られるのではないだろうか。

かつては、担任の先生が「教室は間違うところです。どれだけ間違ってもかまいません。みんなも、誰かが間違っても笑ってはいけませんよ」という投げかけをしていたように思う。しかし、近年「やらせてみて、失敗させて考えさせる」のではなく、「間違わないように先回りして指示をして、そのとおりに実行したことを褒める」ことになっていないだろうか。その結果、例えばカッターナイフも使えない子どもに育ててはいないだろうか。果たして子どものためになることなのか。意図はわかるが私は寂しさを感じる。

こうした不安な気持ちから、保守的になる一方で、社会とつながることも求められているのが今日の学校である。新学習指導要領で骨格をなす「社会に開かれた教育課程」という概念は、「よりよい学校教育をとおしてよりよい社会を創るという概念を学校と社会が共有」することが前提である。決して学校のなかだけでしか通用しないような学校文化を築くことではない。学校は本当に社会と共有・連携を実現できるのであろうか。前述の例でも、現実社会とはかけ離れていることを教師たちはわかっているのに、成功例に頼ってしまうのが現状である。

「社会に開かれた教育課程」とは、単に地域ボランティアや職場体験、社会見学に出向くとか、地域の方をゲスト・ティーチャーとして授業にお迎えするとかいったことだけではない。平たく言えば、「保護者や近所のおばちゃんに、『この学校でやっていることはこれからの世の中で必ず役に立つことだから応援するわ。一肌脱ぐわ』と言ってもらえること」である。「指導者側の都合」でなく、将来を生きる子ども優先の概念であり、それが社会にとっても有益であることが望まれる。これまで社会から隔離されて閉じられてきた感のある学校を、社会全体のなかでしっかり位置づけることに意味があることを忘れてはならない。

「批判的思考」をどう捉えるか

闇雲に前例踏襲を排除しても混乱するだけなのだが、教師という職業人は、なかなか疑ってかからない人種である。

教師は、基本的に、何事も素直に受け入れる人が多い。幼いときから親や教師の言いつけを従順に守り、「いい子」でいることで周囲から認められ、その結果教員になれたという成功体験の持ち主が多いからではないかと想像する。安定志向を望む性格だということも少なからずあるだろう。したがって、自分を現在のように成長させてくれた恩師に対して批判的に見直したりはしない。そしてそれが「当たり前」だと思っている。だから学校で行われていることを疑わないのも仕方がないことかもしれない。でも、学校の常識は社会の非常識であることが実にたくさんある。少し疑ってかかったほうがよい。一般社会人の方も、今一度、学校の現実に目をやってもらえるとありがたい。当時は不思議に思わなくても、今振り返ると、ほろ苦い学生時代の思い出のなかにはちょっと時代錯誤的なおかしな話もあるのではないだろうか。特に校長はそういう意見に耳を傾けることで、既存概念崩しができるだろう。

最近注目されている概念の一つに「批判的思考」がある。学校の学習環境と教員の勤務環境に焦点を当てたOECDの国際調査であるTALIS2018における教員アンケートの結果でも日本は「批判的思考を生徒たちに促すことができる」と思っている教員の割合が他国と比較して低いことが公表されている[2]。しかし私は少し誤解があると思っている。「批判」という単語に相手を攻撃・非難するネガティヴなイメージがあり、特に日本人は人と争うことを好まないから、尻込みしている人がかなりの割合でいるのではないだろうか。実際は、「批判的思考」とは「物事を多面的・多角的に吟味し見定めていく力」（中

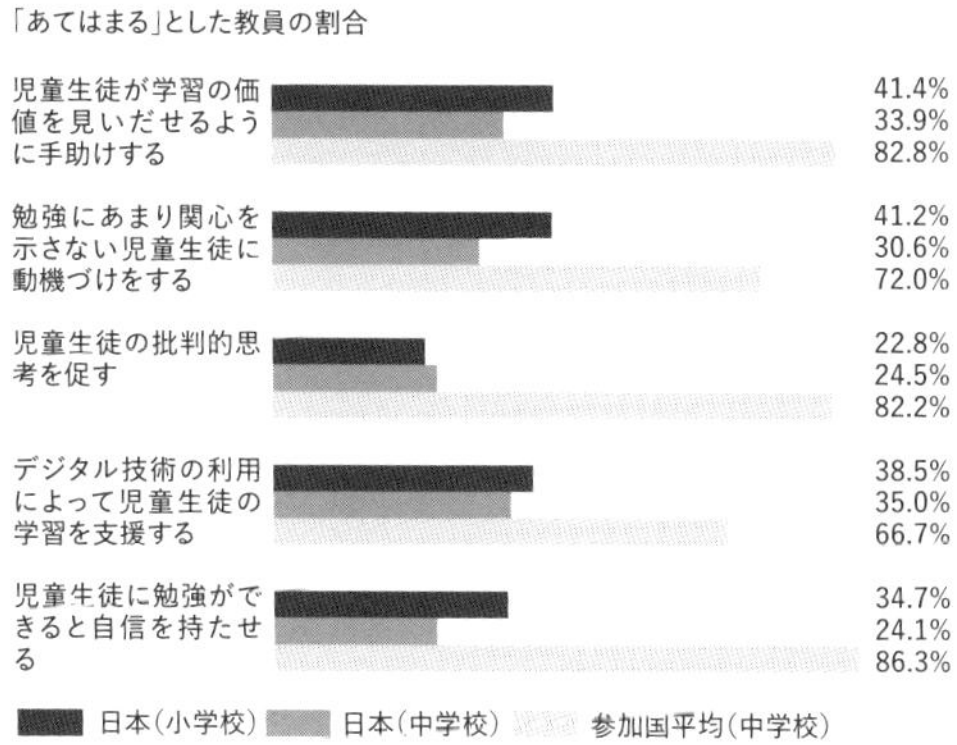

小中学校教員に対しての質問紙調査（TALIS2018）

教審答申）であり、根拠を明確にして、論理的に分析し、問題解決へ向かう、「考える力」そのもののことである。

データを分析して論理的に考え出すことが求められているのであれば、教師もネガティヴに捉えるのではなく、世界的に注目されている「クリティカル・シンキング」に挑戦してもらいたい。二〇一八年度から二〇二二年度にかけては、学習指導要領改訂の時期であり、「働き方改革」も叫ばれている。例えば、部活動の在り方については大きな議論が巻き起こっている。当たり前のように勝利至上主義を掲げ、休日返上で朝から晩まで走り抜けてきたこれまでの慣習に、疑問の声が挙がっている。冷静に考える時期なのだ。今が変わるチャンスと捉えたい。もちろん校長がそのように思っていなければ改革は始まらない。

学校は「学び」を中心に据えているだろうか

これからの校長には、たどってきた道とは違うこれからの時代を鑑みたとき、前例踏襲にこだわることなく、学校はどんな場所かということを、今一度明確に問い直すことが求められる。

ズバリ、学校は学び育つための場所である。だがどの学校も「学び」が中心に据えられているだろうか。前述のように疑わしい部分があるのではないだろうか。特に学習面となると、「教師の本分は授業」と言われているものの、いろいろ思い当たることがある。「学力定着」と謳っている学校であっても、その評価はテストの点数とか進学実績に偏っている場合がある。「受験突破」がいつの間にか、目標になってしまっている。それならば、部活動で上位大会進出がすべてであることを公言しているのと変わらないように思う。

そういう私も、実は「点数」を上げることに躍起になっていた時期があった。点数を取らせることが、子どものモチベーションを上げる最適な方法だと信じていた。したがって、効率的でわかりやすい解法を解説することを研究（？）し、それなりに成果を収めたこともある。しかしその結果、当時の子どもたちが教科を好きになってくれたかどうかといえば、思ったほどではなかった。

学校は知的な場所であってほしい。「学ぶ」とはどういうことかを問い直して研究し続け、将来にわたって学び続ける人材を育むことが学校という場の使命である。加えて言うなら、これは子どもに限った話ではあるまい。教師、保護者、地域の方、学校に関わるすべての人にとっての学び育つ場でありたい。かつては施設・設備的に見ても、学校は地域の最先端の場所であった。そして今日、今の時代にマッチした「知の拠点」でありたい。逆にそのような場所でなければ、子どもの成長も望めないであろう。

第二節　学校ができること

学校に任されている部分は意外と大きい

今回、二〇一七年、一八年告示の学習指導要領改訂で中心的な役割を担ったのが、中央教育審議会教育課程企画特別部会であった。教科部会や各学校部会を招集する前に、ここで教育の総体を協議し、夢や理想、これからの社会、現在の誇れること、問題点などについてさまざまな立場からの意見が集約された。そして、学校教育が目指す方向性、育成を目指す資質・能力の整理、さらに、これまで学習内容を示すことが中心だったという反省に立って、「何を学ぶか」「どのように学ぶか」「何が身についたか」といったことまで踏み込みながら、学習指導要領の枠組みそのものを議論したのである。

例えば「知識」については「個別的な知識のみを指すものではなく、それらが相互に関連づけられ、さらに社会の中で生きて働く知識となるものを含む」とある。既に知っている者が知らない者に詰め込み形式で習得させた、単発的な一問一答クイズのようなものではない。構成的な知識観に立ち、どのような事柄とつながってどのように発展していくのかまで含めたものである。従って、習得していく過程で、思考力や判断力も当然必要とされる。「学力」そのものを議論していたのである。

「学び方」についても、「主体的・対話的で深い学び」を実現すべく授業改善に取り組むという、非常に具体的で画期的なものになった。「本来、人はどうやって学ぶのか」ということを根幹から議論したのである。単なる他者とのコミュニケーションだけでなく、先哲の考え方を手がかりにして自己の考えを広げ深めるような「対話」も求めている。また、「メタ認知」について語られていたのが特徴的だった。学びを客観的に捉えることで、自身を省察し、次の学びへと向かわせるのである。

さて、教育課程企画特別部会でのこのような根本的な議論はたいへん意義深いのであるが、本来はそれぞれの学校で行うべきではないだろうか。これまでの学習指導要領総則のなかでも、教育課程編成に関して、「各学校において」という文言が数多く出てきているが、それらが現場でどれだけ意識されているだろう。「生徒に生きる力をはぐくむことを目指し、創意工夫を生かした特色ある教育活動を展開する中で」能力をはぐくむと明記されており、学校の主体的な教育活動を促しているのである。

「各学校」というのは、もちろん「校長」のことである。校長がリーダーシップをとって、このような根本的な議論を各学校で行ってこないといけなかったのではないか。それがないので、小手先の「方法」に走る。さらには真似をすれば失敗しないような「事例」を求めるのである。「総合的な学習の時間」創設のときがそうであった。本来学校に任されている部分が非常に多いのにもかかわらず、慣例に従った思い込みで、自らの裁量権を放棄しているようなものである。「事例」を多数提示することが、本当に学びの質を向上させることにつながるのだろうか。

教育委員会に委ねられている部分がかなりあるのも事実だが、一般的に思われている以上に学校に任されている部分は大きい。この権利を最大限に行使することが、学習指導要領の「心」を汲んでいることになるのではないだろうか（そう言う私も、管理職になるまで総則を丹念に見ることはなかったのだが）。

「つながり」がキーワードの一つ

学校を「学び」を中心に据える場と考えたとき、「つながり」がキーワードの一つだと私は考えている。習得か探究かという議論がしばらく前にあった。しかし、それらは学びの順番ではなく、質の高低でもなく、一つの学習過程のなかで柔軟に見え隠れするものである。「探究」単独などありえない。アクティヴな学習と一斉講義的な学習とで、どちらが正しいかという議論をするのではなく、両者をバランスよく用いながら学習を進めていくのが自然な姿であろう。「量」か「質」かという議論もこれに当てはまる。緻密な指導を優先すべきか子どもにゆだねるのか、ということも同様である。生徒指導と学習指導に関してもよく話題に上る。まずは生徒指導を優先し、学級が落ち着いてから学習指導に移る、ということを述べる方もいる。しかし本当に別物なのだろうか。学習のなかで「学び方」を習得していくのであるから、学びの作法といったものも当然取り扱う。行きつ戻りつしながら習得されていくというのが納得いくところだろう。

教科学習と総合的な学習の時間の関係も、習得と探究といった分類ができるものではない。扱う内容によってそのウェートの置き方が変わることはあっても、両者とも習得・活用・探究の場面がある。教科学習に注目してみても、これまであまりにも教科間の壁が高かったのではないだろうか。同じ子どもの資質・能力を育もうというのであるから、教科が違えども通じる部分は多い。それどころか、他教科を意識することによって、より深い学びへと誘われることになる。教科間のつながりを考えることは、逆に教科固有の見方・考え方をあぶり出すことになり、教科の独自性を実感できることにもなる。大学も、文系・理系の枠にこだわらない動きが出てきている。「私は数学が苦手だから文系だわ」というような会話は減ってくる可能性がある。

何か別のものと捉えられていたものが、よく考えてみれば非常に関係が深かったという発見を誰もが経験したことがあるだろう。そのつながりに気が付いたとき「腑に落ちた」

瞬間が訪れ、本当に理解したこととなるのではないか。「つながり」は、「学び」に関することだけではない重要なキーワードである。第三章で改めて述べることとする。

教科書で教える

学校を学びの場とすることに関して、もう一つ触れておきたいことがある。実際の授業場面で、「教科書」をどのように用いているかということである。

学校では文部科学省指定の教科書を使用しなければならない。しかし現状として、教科書しか目に入っていない教師が非常に多いのではないだろうか。教科書に記述されてあることを隅々まで徹底的に教授する。教科書は確かに非常に身近で確実なガイドラインであることは間違いない。しかし教科書がすべてではないだろう。

「教科書を教える」のではなく「教科書で教える」ということを、私は初任者の頃から諸先輩方に言われ続けてきた。教師がどのように教科書を料理するかということに心血を注ぐことがすなわち教材研究なのである。「塾で聞いてきたからもうこの授業は必要ない」などと生徒たちに絶対思わせてはならないのである。

塾へ通っていようといまいと、教科書をどれだけ読み込んでいようといまいと、今日はどんな事件が起きるかワクワクするような気持ちで全員が授業に向かい、新たな発見を皆との協働で生み出すといった感動の時間を授業中に創り出したい。学校はそういう「未知との遭遇」の場でありたい。

第三節 「子どもを育てる教師」を育てる校長

学校の主人公は誰だ

ここまで、学校の学びの場としての本来の姿、そして学校でできることを述べてきた。次は、その学校の主人公を考える番である。教師の回答は一致する。子ども以外にはない。しかし、実際に学校の主人公の意見や考えをどれだけ取り入れているだろうか。

本章冒頭で触れた規則に関することなどは、生徒と意見を交わす絶好の機会である。生徒の自治活動を促すチャンスである。「教える―教えられる」「管理する―管理される」という関係ではそのような発想は生まれない。意見を交わす場を設けることはしても、結局は子どもが「教師の掌の上」で踊らされているだけになっているような予定調和的な発想では、子どもに学びを促せない。

世界の現状はそんなところにとどまってはいない。私は、前任校の福井大学教育学部附属義務教育学校がＯＥＣＤのＩＳＮ２０３０（Innovative Schools Network）に参画した際、

International Student Innovation Forumの場で世界各国の同世代生徒たちが、学校や国を越えて、エネルギー問題やこれからの教育などについて協議している姿を目の当たりにした。参加した生徒たちだけでなく、私たちにも衝撃が走った。

会の最後には、生徒たちの合意による「生徒共同宣言」が提案され、満場一致で採択された。

そこには「私たちは共に立ち上がり、お互いに学び合うことを決意しました。さらによりよい未来のために、私たちが持っている信念や希望を確認するため、この共同宣言を作成しました」という前文に始まり、「学び」に関することのなかには、「過去の知識を吸収して、テストでいい点を取るだけでは、よりよい世界をつくることはできません」「私たちは、学びを「他人事」ではなく「自分事」として捉え、さまざまな立場・経験をもった地域の人々や世界中の人々と、いろいろな課題について熟議し、そして行動に移していくことが大切と考えます」という決意、そして「私たちは、カリキュラムづくりや選択も含む、自身の学びとその発展に責任を持つ準備ができています」と続く。最後には「私たちは、単なる傍観者ではなく、世界を創っていく主人公なのです」と締められている[3]。

私は感動すると同時に、今までの「子どもが主役」というスローガンの薄さを思い知った。子どもたちはまだまだ可能性に満ちている。

このフォーラムに参加した生徒たちが中心となって、前任校では自治組織ＦＬＩＡ

（Forum of Learner's Independent Activities）を立ち上げた。学び手の自主的・主体的な活動を考えるフォーラムである。「なぜ学ぶのか」「どう学ぶのか」をテーマに、メンバーを募り、発表の機会を捉え、他校との交流を視野に入れながら自らも考え続けている。

彼らは平成三十年十二月に福井で開催されたOECD Japan Innovative Schools Networkの研究会にも参加した。大人に混じって、その場で自分たちの学びを語り、また大いに学んだのである。管理職として誇らしく感じると同時に、負けてはならないと気が引き締まる思いであった。

教師と子ども、職員室と教室は相似形を成す

「学び」を中心に据えて、学校の主体性を発揮して教育をしていくことがこれからの学校には求められる。子どもは学びたがっているし、学校の独自性も認められている。しかし、これまでの慣習からなかなか抜け出すことのできない教師たちがいるのが現実である。

このジレンマに対して、教師と子どもの考え方や成長の仕方、そこまで大げさでなくても、振る舞い方や語り方などは相似形であるという捉え方が、その突破口になるのではないだろうか。「職員室での教員の学びと教室での子どもの学び」と言い換えてもよい。私のこれまでの経験から、そしてこれまで協働研究してくださった研究者の知見から、教師

文化と生徒文化は同型構造を持っていることはほぼ疑う余地はない。なぜならば、教師は自らの経験が、自らの行動を決定する大きな源となっていることが多いからである。

例えば、職員室が、校長からの指示・命令だけの一方通行の場であったらどうだろう。それを経験した教師は、疑うことなく自分の教室でも、指示・命令を繰り返すだろう。職員室が、雰囲気の暗い陰口を言い合うような場で、耐えられずにそこから逃げ出した教師が、今度は自分の教室で誰かの陰口をたたいてしまうだろうことは想像がつく。職員会議や研究会が、個人の意見を述べる機会が保証され、皆が聴き合い、新たな知見を生み出していくような場になっていたとしたら、その経験を自分の授業や指導に持ち込みたくなるはずだ。

この事実をどう捉えるか。子どもの前に（と同時に）教師から（教師も）成長しなければならないということになる。主体的な学びができない教師が主体的に学ぶ子どもを育てられるわけがない。探究の面白さや苦しさを経験していない教師が、探究する子どもを育てられるはずがない。教師自身が動けないから、子どもも動けないと思い込んでいるだけである。

子どもは豊かなコミュニケーションに満たされた教室で育つ。教室を学び合う場にするには、職員室を学び合う場にするのが筋である。授業で「主体的・対話的で深い学び」に誘うには、教師の研究会が授業の場と同型であると考えればよい。そうすれば校長の立ち位置も自ずとイメージできてくる。校長は職員室という名の教室の担任なのである。

マネジメントの道筋も見えてくる。「自ら考える教師」を育てるために、適切な課題やテーマを設定して、あるいは何が解決すべき課題かを考える場を設けて共有し、いろいろな役割を担う人と相談を重ねながら、適切な機会と場所を提供して、個やグループや全体協議を目的によって使い分け、課題解決に向かう。たびたび自分たちのやっていることを振り返る機会をつくり、意味を問い直す。校長はそうやって活動する教師の学びを把握し、軌道修正したり助言したりしながら、自分自身も学んでいく。その姿がまた教師を触発するのではないだろうか。

教師は高度専門職業人であるという。複雑な教育問題に対して瞬時に判断を求められ、しかも全く同じ状況などほぼ発生しない。問題は時代と共に変化し、複雑さも増していく。しかし、諸問題にうまく対応していくことだけが教師の専門性ではない。これは道に大きく空いた穴を舗装して埋めていくようなものである。未来を担う子どもを育成するのだから、穴を埋めるだけでなく、空き地に建てる家のデザインをしたり、家を造ることで町全体を活性化させるようなアイデアを生み出したりすることが求められる。教師の専門性とは、豊富な経験から広い視野を持ち、実際に見えているものがよく見えるというだけでなく、「これをやると、きっと面白いことになるな」といった、期待を込めた見通しを持てるようになることだろう。「ワクワク感」を抱かせてくれる教師には、皆が集まってくる。

魅力ある教師はこのような「先を見る眼」と「面白そうなことをかぎ分ける鼻」を持っている。

さて、これは学校のリーダーにも同様に当てはまる。「先生方がこれをやれば、あるいはこれに関心を示せば、きっとおもしろい方向に進みそうだ」という、「勘」のようなものがリーダーには必要である。さらに、それらの信憑性や価値を冷静に分析する力も必要である。これがリーダーの「メタ認知」である。これらが、第三章以下に示すようなさまざまな具体的な行動を起こす源泉となっていると考える。

ピンチこそチャンス

もう一つ、私が学校のリーダーに絶対に必要だと思う資質がある。

学校は本当に毎日いろいろなことが起きる。子どものことだけではない。最近は保護者や地域に関するトラブルもどんどん増えてきている。

しかし、学校とは、そもそも成長途上の子どもが多人数で生活する場所である。事件や問題が起きて当たり前ではないか。思春期の子どもを抱える中学校なら尚更であろう。何もなかったら逆に気持ちが悪いと思う。

事件や問題が起きたら当然その対応に動くが、その方法以前に、問題となるのはそのときの受け止め方である。「どうしよう、困った」と校長がうろたえてはならない。慌てない。騒がない。冷静さはもちろんだが、前向きに受け止めたい。誤解を恐れずに言うなら、「大きな問題だが、大きく成長できるチャンス。よく目の前に現れてくれた」と、こんなときでも「ワクワク感」を持って受け止めたいのである。「今こそ学校の力を見せるとき」という肝っ玉を持っていたい。前述のようにこれは職場の教職員に間違いなく伝搬する。校長の前向きな受け止め方が、教師の安心感と、学校の推進力を生み出すのである。

注・参考文献

［1］カール・B・フレイ＋マイケル・A・オズボーン「雇用の未来（The Future or Employment: How Susceptible are Jobs to Computerisation?）」オックスフォード大学論文、二〇一三年

［2］文部科学省「我が国の教員の現状と課題　TALIS 2018結果より」二〇一九年

［3］OECD日本イノベーション教育ネットワーク「生徒国際イノベーションフォーラム2017報告書」二〇一七年

解説 学校変革の主体となる

秋田喜代美

安定・安心を保障する学校へ

子どもたちの日々の安全安心を保障し、子どもたち、教職員の誰もが居場所感を得るためには安定感が大切です。しかしそれは、保守的伝統的であることとは同じではありません。学校と社会は互いの鏡であり、学校は公共の知と市民を生み出す社会の重要な一構成要素となっています。そのときに学校は社会のルールを遵守する場所であり、管理しそれに従順に従う生徒を生み出す場とするのか、学校が社会の知識やルールを先行して民主的に生徒とともに見直したり語り直して、新たに意味を与え変革して行く場となるのかが問われているのです。

科学における探究学習（Inquiry based learning）を唱えたジョセフ・シュワブは著作のなかで「教育には二つの流れがある。民主的市民の育成のために、探究のレトリックを教えるのか、奴隷の育成のために、従順のレトリックを教える」のかと述べています[1]。急激に変化する社会のなかで、これからの学校で私たちは子どもたちの何を育てたいのかが問われているのです。資質能力と答えたとしても、それだけでは教育実践の内実とはつながらない。牧田先生は「教室は間違うところ」のような単なるスローガンで終わらないために何が必要かを語ろうとしています。

ＰＩＳＡ２０１８のなかに下図のような調査結果があります。[2]

失敗に対しての不安感（惧れ）に対して日本は、シンガポール、中国（マカオ、香港）に次いでこの値が高いことがわかります。もう一つの図（左ページ）を見ていただくと、読解力では同様に高いフィンランドやエストニアは同じような読解得点を示しても失敗への不安感の値は低いことが見て取れます。

ここには東アジアの学校のある種の特徴が表れているのではないでしょうか。不安の低い国は探究的な学習推進の先進国です。日本はこれから、学校での学びにおける不安を低減できる学校、温かに支え合える学校へと移

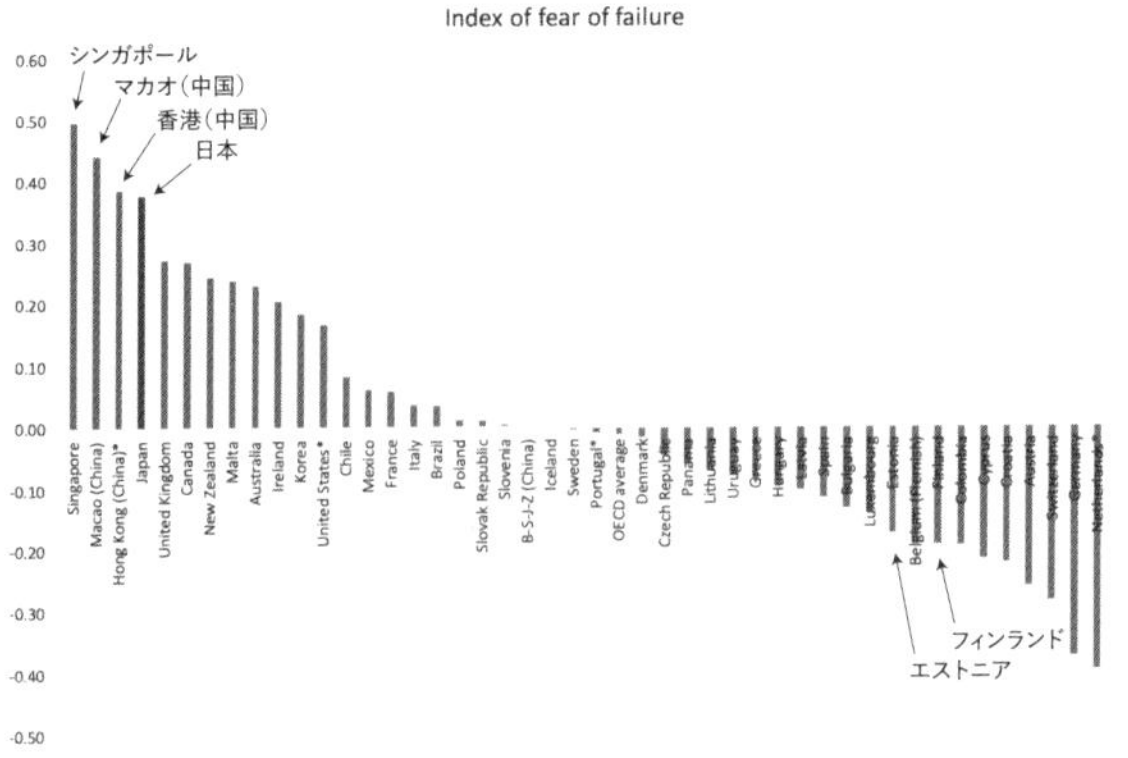

生徒の失敗への不安感（惧れ）（OECD, PISA 2018 Database, Table III.B1.13.2.）

行していく必要があると言えるでしょう。

協働探究できる真正な学習課題を生み出す学校文化へ

失敗の不安に対して、単に「学校は間違うところ」とお題目を並べても意味を持ちません。学びの過程のなかで、多様な考え方や見方を学ぶことが意味あることだと知り、挑戦的な課題を探究することによって初めて、失敗のプロセスにも意味があることを子どもたちは肌で感じることができます。そしてさらに挑戦し探究するからこそ、安心して間違うことができる。早く流暢に、正確に、という点に価値を置きすぎると、学びは単純化されて形式的になり、深い学びは生まれない。ステップ・バイ・ステップの階段式指導を教師

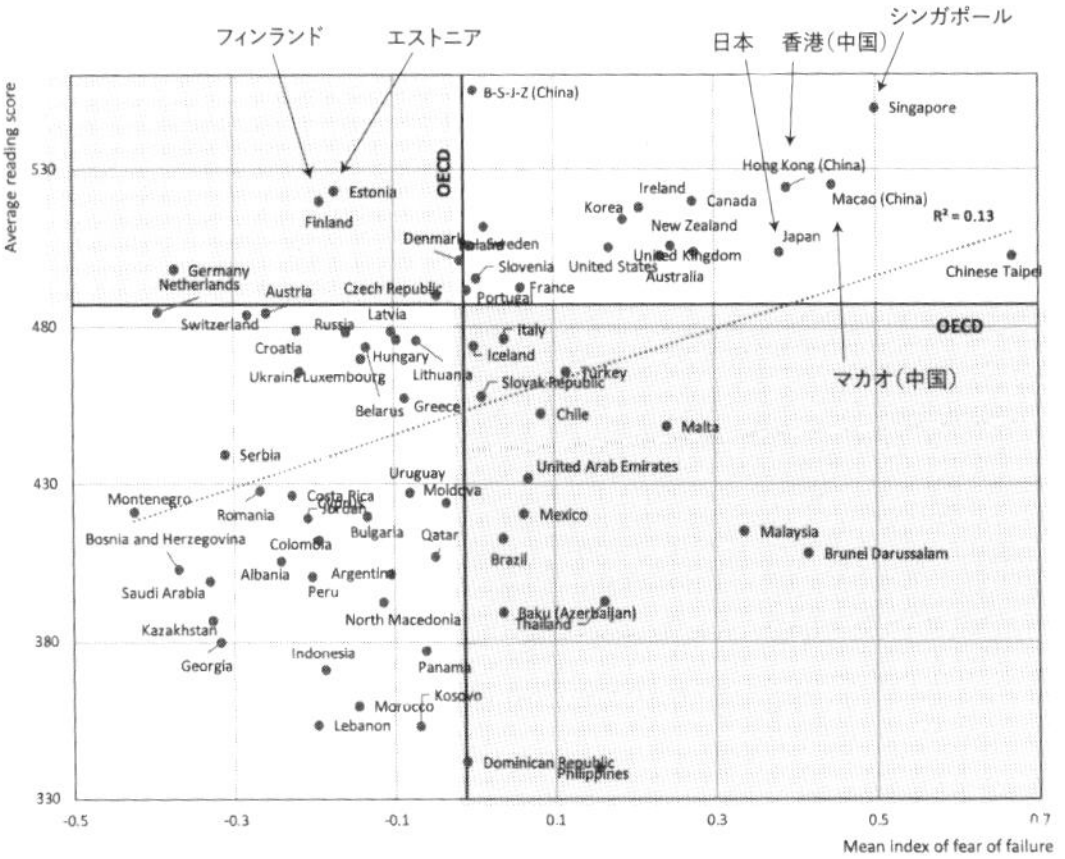

失敗への不安感（惧れ）と読解力得点（Source: PISA 2018 Volume III）

は安全な導きとして捉えがちなのです。

しかし、真正な文化的活動として、社会的に価値あり意味ある課題のなかでの複雑な道筋にこそ、深い学びはあります。そこにおいて仲間同士の考えが触発しあったり教師がヒントを与え足場をかけることは、スモールステップ教材ではできないことです。失敗しても価値ある課題に子どもが向き合い、やりたいこと、成し遂げたいこととして生徒が気持ちをそこにむける時間が保障されること。深い学びに向かって挑戦している向上の時間は、上手くいっていないように見える時間でも意味があります。その場面をどのように深い学びに活かすのかが、これからの学校の価値として、校長や教師の専門性として問われています。

そのためには、教師もまた間違ったり失敗しても考えを深めていくことのできるような、意味ある学習課題を探究することが必要です。その探究のなかで基礎基本が繰り返し興味をもって学ばれていく。そしてそこに達成感が生まれる。現在、このような教材の開発に協働で取り組む学校が数多く生まれてきています。そうした場では、教師の協働探究が生徒の協働探究を生み出しています。大人が決めた目標に対して「できる・わかる」という態度から、探究へと問い始めたときに「できない・わからない」と思われていた生徒たちは真に探究して、「できる・わかる」をこえた力を発揮していく。そのようなときに、学校は、生徒にも教師にも居場所としての満足感、学びの喜びとwell-beingを生む学校になっていくことができるのではないでしょうか。

強みを認め育ちの方向を示す応答的なエンパワーメント

ＰＩＳＡ２０１８では日本の教師は、どのようにしたらもっと向上できるのか、あるいはその教科での強みを生徒に伝えるフィードバックを授業中にする率が低い、という結果が示されています（下図）。中国と比べても大きな違いがあります。国際比較でものを言うことがよいということではありませんが、その事実に対峙することで、日常あまり意識せず当たり前になっている授業観や行動を振り返るきっかけになるのではないでしょうか。教師が生徒のよさや向上の方向性を捉えて示すことがあって、はじめて学びが深まり人は育つ。そしてその生徒を見ている、声を聴いているということが信頼

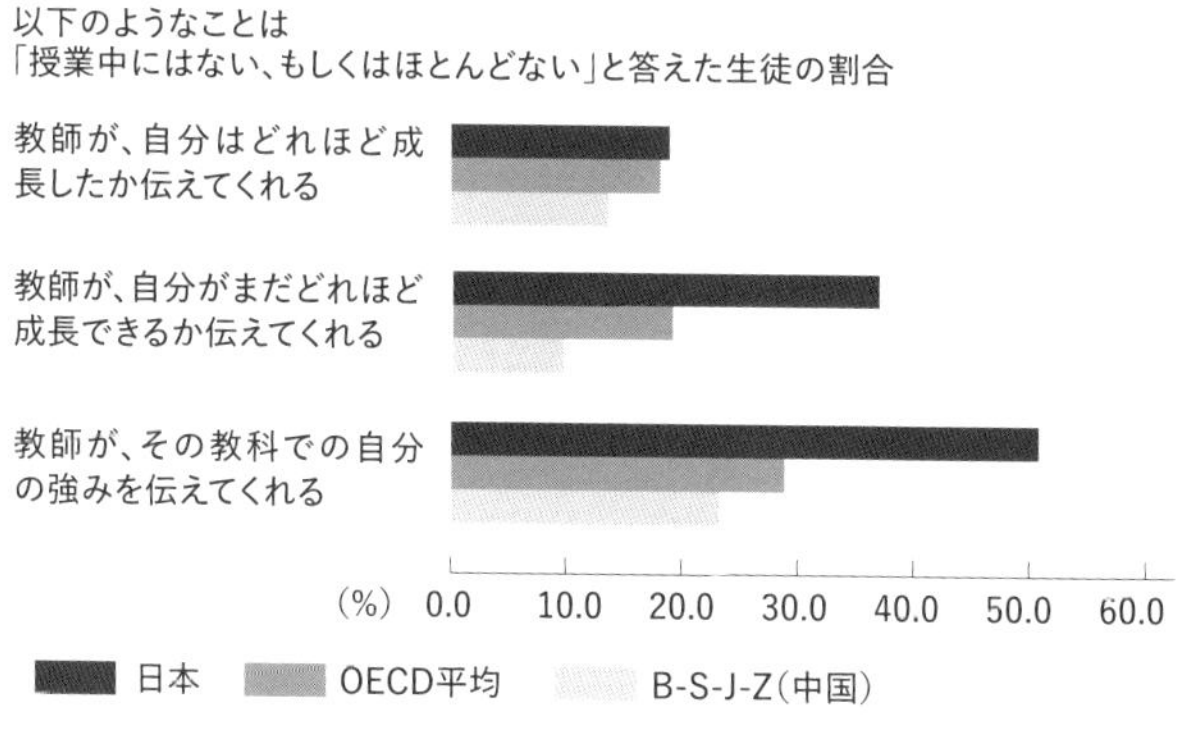

教師からのフィードバックに関する生徒の回答
（OECD, PISA 2018 Database, Table III.B1.6.3）

につながります。

牧田先生は学校の主人公は誰なのか、と問います。学びを自分事として考え、主体性をもって行動し始めたとき、生徒は教師の思いを越える姿を見せる。同様のことは、教師にも言えることでしょう。校長が教師の取り組みを見て、これは面白くなりそうだと一緒にワクワクしたりするためには、まずはチェックするのではなく、細やかに学校の強みを捉え、そこから向かうべき方向を示すという応答的なリーダーシップと先見力が求められます。それが互恵的なエンパワーメントとなるのです。

そのエンパワーメントは、校長一人ではなく教職員皆で創りだすものです。その土壌や風土を率先して耕す後ろ姿を見せるところに校長のリーダーシップはある、と言えるのではないでしょうか。教師と子どもは相似形、校長のスタンスと教職員も相似形と意識したときに、人が育つ土壌もうまれていくのではないでしょうか。

注・参考文献
[1] Joseph Schwab, Science, *Curriculum, and Liberal Education: Selected Essays*, University Of Chicago Press, 1982.
[2] OECD「生きるための知識と技能7 OECD生徒の学習到達度調査（PISA）2018年調査国際結果報告書」国立教育政策研究所訳、二〇一九年、明石書店

第三章

学校をステップアップさせる7つのヒント

前章で、学校の存在意義は学び育つ場所であることだと述べた。本章では、そのための具体的な方策について述べる。便宜上パラグラフを分けているが、実際はそれぞれが絡み合って進んでいる。実際重複して紹介している場面もある。「当たり前」を疑いながら、さまざまな視点から「学びの場」へと個人の力を結集していく。本章全体にわたって共通していることは、「シンプルに」「わかりやすく」である。

第一節　理想を語る

学校を学び合う場へとステップアップするためには、「どんな学びの場とするか」「そのためにどんな指導を行うか」を共有することが絶対条件である。校訓や学校教育目標といった象徴的な言葉だけでなく、具体的な子どもの姿について、理想をじっくりと繰り返し語り合うことで、初めて学校や子どもの「像」が結ばれていく。

本当はどんな子どもに育てたいのか

「どんな子どもに育てたいか」という問いが学校教育の根本である。しかし、最も重要な問いであるはずなのに、学校現場で口に出して議論することは少ない。というのも例えば「知徳体のバランスの取れた、社会に貢献できるような子どもに育てたい」といったことは疑う余地がないので、議論の俎上には乗ってこないのである。

しかし、具体的な子どもの姿にまで言及すると、少々かみ合わなくなることがある。例えば、中学生の宿題の提出率についてはどうだろう。三十代前半までの私は、宿題を全員にすべて提出させることができる教師が力量のある教師だということを疑わなかった。したがって、有無を言わせずとにかくやらせていた。提出率がいいのに越したことはない。だが「どんな子どもに育てたくてそうしているのか」という問いを突き付けられたらどう答えていただろう。力ずくでも無理やりやらせることが、子どもに学び続ける力を培うことになったとは到底思えない。宿題をさせることが目的になってしまっていて、その先のことに目が向いていなかったのである。

給食の準備について次のようなこともある。中学生でも、入学したばかりのときやクラス替えをしたとき、体育の授業の後など準備がうまく進まないときがある。そんなときに学級担任のとる行動は大きく二種類に分かれるようである。時間が限られているから、遅くなりそうな所やうまく均等に分けられないような所を教師が手伝ってでも時間内にスムーズに終わらせるタイプと、少々遅れても、生徒たちに任せて見守るタイプである（もちろん、単に見ているだけではなく、自ら考えるような働きかけをする）。給食準備をスムーズに行うという目的なら前者、自律した集団や問題解決力を培おうという目的なら後者となろう。実際後者の場合は、たとえそのときはうまくいかなくても、次はうまくいくように生徒たちは工夫を始めることが多い。

このようなことは部活動指導や進路指導など、いろいろな場面で見受けられる。校長が、どんな子どもに育てたいのか、理想を語らなくなった学校の教育が、理想に近づくわけもない。

「どんな子どもを育てたいか」という問いは、教師にも当然当てはまる。かつての私は、今思えば、子どもを規則に従わせることができる教師を目指していた。しかしそれが理想と呼べるはずがない。正確に振り返るならば、こんなことを考えることすらなかった。今なら「どんな規則が子どもたちにとって望ましいか、それをどうやって子どもたちに考えさせるといいか」といったことを考える教師でありたいと思う。

また、例えば受験数学で成功させるノウハウは、あるに越したことはないが、手中にあるノウハウの数のランキングが、そのまま理想の教師のランキングになるわけではない。授業を通して教科の面白さを実感させ、生涯にわたって学び続けるような生徒を育てることが授業を行う上での理想だろう。そのためにどのような手段を用いるといいかを考えるのが教職の面白さである。受験実績を上げることが目的となって、決められたことをマニュアルどおりに行ったり、校長に言われたから仕方なくやったりするようなことではない。学ぶ意義を感じることができれば、結果として受験実績もついてくるものだ。

「どのような子どもを育てたいか」と「自分はどんな教師でいたいか」という問いは表裏

一体である。校長は、「どんな教師でいたいのか」、たまに自分の学校の教師たちに問うてみるとよい。

理想を語って義務教育学校を立ち上げる

前任校に副校長として赴任したのは、一年後に義務教育学校に新設されるというタイミングであった。幸運にも私が教諭としてかつて九年間勤務していた学校で、学校のミッションは理解しており、着任後すぐに、状況を把握すると同時に、実際に行動に起こすことが求められた。そこで行ったのは、小中両校の管理職に研究主任も入れたワーキンググループで理想の学校像を語ることだった。

どんな子どもを育てるのか、今まで大切にしてきた教育理念は何か、本校の使命は何か、リソースは何か、何を目玉とするとよいのか、といったことをブレインストーミングする。研究主任がそれをペーパーにまとめる。そしてそのペーパーをもとにしてまた語り合う。ある程度固まってきたところで職員全体に示して意見を聴取して、また語る、ということを繰り返したのである。

大学人である校長の「「対話」により人格ができ上がる」という発言に、私が「「対話」にもいろいろありますね」と反応すると、「私と他者、私とモノ、私と自然、私と私、……。

他との関係から、私であることの自由と、公共的存在としての責任の自覚が生まれる」という具合に議論が展開され、「責任」というキーワードも生まれる。「「自由」というと身勝手と勘違いする生徒もいるけど、世界平和へ「貢献」できる人材でないとね」といった理念の話から、「そのために協働探究のカリキュラムを全教科・全領域でダイナミックに整備したいですね」と研究主任が絡む。

こうした理想の学校についてのブレインストーミングを約六ヶ月にわたって何度も繰り返した。そして、「予測困難な時代を迎えるが、そのなかにあっても、自らを問い自らを知ることで自己を確立し、世界を問い、新たな未来社会の作り手となる人材を育む」という理念のもと、「未来を創る自己の確立」という教育目標を設定し、「自立」「協働」「貢献」という柱で、目指す子ども像を整理した。

今振り返ると、この議論にこそ価値があった。小中教員、管理職、大学教員といったさまざまな立場からのフリーな理想の語りは、これからの自分たちの学校のイメージを膨らませることとなった。この事例は、新しい学校づくりという極めて特異な例ではあるが、どの学校でも可能であり、必要なことだと思う。議論とまではいかなくても、校長は学校づくりのグランドデザインの検討項目を手元に置いておきたい。

理想を語るといっても、話が広がりすぎて、収拾がつかなくなってしまっては困る。したがって、立ち戻ることができる場所の確保も重要である。教職員で意見が紛糾しても、

「これだけは同じだ」という「立ち戻る」場所である。大抵は「校訓」や「学校教育目標」ということになる。もう少し砕けた言葉で受け継がれている場合もあろう。しかし、そのような学校教育目標などが、単なるお題目になってしまっていることが少なからずあるとしたら問題である。

前任校は前述のとおり、学校教育目標を時間を掛けて皆で練り上げて創りあげた。現任校は、「志を持って、挑戦し続ける生徒の育成」という教育目標が、八年前の新設以来大切にされており、各教室にはかなりの大きさで掲示されている。「社会参画型学力の育成」も重要キーワードとなっている。これがブレないので新たなアイデアも湧いてきて議論ができるし協働ができる。

もし学校教育目標などが、社会の要求や学校が目指している方向性と合わなかったら、修正していく勇気が校長には欲しい。私のまわりでも、十年、二十年と続いている学校教育目標に手を入れる学校が出てきている。思い切った取り組みであるが、見直し自体が学校を動かす。

理想や理念を伝える場をつくる

そのような理念を伝える場所をどうやって確保するか。定例の職員会議や研究会は、その重要な場所である。職員朝礼が行われるのであれば、タイムリーな話もできる。「鉄は熱いうちに打て」だ。

しかし、話は流れてしまうことが多く、時間も限られている。そのため、どのような形であれ、後に残るものを工夫するとよいと思う。校長室そばに掲示するスペースをつくるとか、ホームページやブログで発信するとかである。私は、教師向けの通信を不定期に出すことにした。「伝えたいけれど、命令・伝達のような押しつけにはしたくない」という気持ちも働き、気軽で長続きできるものにしたかった。タイムリーであることと、後に残ることの一石二鳥を狙っている。発行しているうちに別な意味合いも出てきて、自分でも少々驚いている。第四章以降で詳しく述べたい。

第二節　仕組みを整える

理想を語り合っているだけでは、具体的な教育活動にまで及ばない。教師が動かざるを得ないような「仕組み」を導入することで、自然に目標に近づくだけでなく、仕組みの目的そのものを教師が考え、教師の力量形成につながっていく。

「授業を見せ合いましょう」では動かない

授業公開をベースとした授業研究は、日本が大切にしてきた世界に誇る取り組みである。地道な取り組みでしか授業力という教師の重要な力量を高めることはできない。授業公開や授業参観は教員の力量形成に関わる重要なことだとわかっていても、日常の業務にはさしあたって支障がないので行わずとも時間が流れていき、結果的に後回しになってしまうことがよく見受けられる。また、授業公開は誰でもいくらかは抵抗があるし、参観する方も貴重な時間を充てるのであるから二の足を踏む。教師も人間なのだ。

意義を感じることができるような授業公開や授業参観の仕方はいろいろ考えられ、私もいくつか提案してきた。ここでは前任校で取り入れた仕組みを紹介したい。研究開発校であったため、毎年公開研究会を開催していたが、義務教育学校になったことで、公開研究会の運営方法について再考を迫られた。そこで、公開授業ごとの授業研究会開催とする方法もあったが、全教科の授業公開、全教科の分科会開催を優先させ、分科会は、教科ごとに小中まとめて実施することとした。すると、当然のことながら、教科ごとに九年間を見通した教科としてのねらいの確立やカリキュラムの整備が必要となり、自然と教科ごとに授業を見合い、提案事項をまとめていくことになる。さらに、時間割上に全教科の教科会の時間を設定して、協議の時間も保障した。やればやるだけやりたいことが増えてくる感じで、授業研究が進んでいく。

「英語を頑張りましょう」では動かない

国際化が進み、英語の重要度は増すばかりである。しかし、生徒にいくら声高に「英語を頑張りましょう」と言っても「はい、わかりました」とはなかなかならない。そこで、前任校では二つの仕掛けを施した。

一点目は、ＯＥＣＤのＩＳＮ２０３０への参画に踏み切ったことである（第二章）。当時福井県と福井大学教職大学院の連携のもと、高等学校三校が「福井・シンガポールクラスター」として、シンガポールと連携を進めながらプロジェクト学習に取りかかっていた。前任校は中学校ではあったが、プロジェクト学習に伝統的に取り組んでおり、探究の進め方の部分で寄与できるのではないかと考え、秋田先生や福井大学の勧めもあって手を挙げたのである。

それから一年後、東京で行われた国際大会（International Student Innovation Forum 2017）に生徒有志が参加し、学校の取り組みを英語でプレゼンテーションしたり、国際問題について議論したりした。実際には英語力が足りず満足のいく議論にはならなかったのだが、生徒たちの達成感や今後に掛ける期待は教師の予想以上に大きかった。国を超えてこれからのさまざまな課題に立ち向かっていくためのコミュニケーション・ツールの一つ

OECD ISIF2017での生徒の発表

として、英語の重要性に気がついたのである。

二点目は、シンガポール研修を開始したことである。前述の「福井・シンガポールクラスター」としての取り組みの他に、シンガポール大学附属高等学校日本語学科からの交流を申し込まれており、時間を調整しながら毎月一～二回フリーソフトを用いて生徒たち同士の交流も始めたところであった。これらのリソースを最大限に発揮させようと、海外研修の募集をかけたのである。初回ということもあり九名の募集をしたところ、二十七名の応募があった。

生徒たちのその熱意のとおり、物見遊山的な観光旅行ではない、少人数ならではの中身の濃い研修となった。二つの学校との交流では、決められたバディと一緒に授業体験、互いに学習してきたことの交換（本校のプロジェクト学習の内容や、相手校の日本語学習の成果、両校での日本伝統文化の交流など）、相手校の生徒の案内による小グループ市内散策、前任校にシンガポールから実習生として研修に来ていた学生による現地でのワークショップ等である。

第1回シンガポール研修

帰国後、生徒たちは、文化祭や公開研究会でプレゼンテーションしたり、小学生に英語の大切さを訴えたりして、英語を学ぶ大切さが、子どもたちの言葉で語られていった。

「生徒を主役にしましょう」では動かない

学校生活の主役は生徒に違いないが、これを実現するにはやはり仕掛けが必要である。前任校では、体育祭、文化祭をはじめとする生徒会行事では、「教員はマイクを持たない」というのが不文律であった。任せるならとことん任せないと自治意識は育たない。教師が腹をくくることが前提である。前述のOECD ISNへの参加も、生徒主役への架け橋の一つになっていることはおわかりいただけるだろう。

第一章で山下校長先生の逸話の一つに挙げた三者懇談会の実施も、生徒を主役にすることに一役買っている。私も山下校長に習って、前任校でも現任校でも、すべての学年で三者懇談会を実施することにした。教師たちからは、時間がかかるとか、話す内容が難しいとか、せめて最初は保護者と顔合わせを兼ねるので二回目からにして欲しいとか、いろいろな声は聞こえてくる。変わることには二の足を踏むものである。しかし、この発想は教師の都合ではなく、生徒の成長のためだということを次のように伝え、理解してもらった。「本当に生徒を主役にするのであれば、生徒本人を交えて話をするのが当たり前ではないでしょうか。本人抜きで話をすることは、裏でヒソヒソと陰謀を巡らしているようなものでしょう。小学校高学年くらいになればもう自我が芽生え、将来に対する意識も高まってきます。中高生ならなおのことです。学校の状況、家庭の状況を共有し、本人の意向を聞き、保護者の思いを聞き、教師としての願いを込め、今後のことを三者で取り決めていくのは当然のことではないでしょうか。もし保護者とのみ確認が必要なことがあれば、個別に機会を設定してください」

実際にやってみると、いろいろな確認が一回で取れ、保護者と生徒の関係も見え、反対の声は聞こえない。結果的に保護者からのさまざまな問い合わせの電話も減った。生徒を主役に考えるということの意味を、教師が考えることにつながったようである。

生徒運営によるポスターセッション

前任校で実施されていた公開研究会は、二〇一八年度から義務教育学校となったために、開催内容を大きく変えた。そのなかの一つに児童・生徒の参画がある。以前も中学校の公開研究会では、合唱練習の公開や、生徒のポスターセッションの設定などは行われていた。今度は、生徒ポスターセッションの企画・運営そのものを生徒が行った。さらに、ゲストを呼んでのシンポジウムの前に、児童・生徒による公開授業の振り返りのミニシンポジウムを開催した。信頼して、任せてやらせてみることが力となる。どうもこれまでは、失敗をさせたくないがために、あまりにも冒険をさせてこなかったのではないだろうか。企画・運営への参画によって、生徒は本当に主役になる。

現任校でも、授業研究に関して一つの仕掛けを施した。二〇一九年十一月二十日実施の公開研究会で、通常、参観した教師で行われる授業研究会を、「生徒が参加する授業研究会」としたのである。学びの主役である生徒たちに、「何を学んだか」「学べた（学べなかった）要因は何か」「これからどうしたいか」といったことを素朴に語ってもらおうという提案である。それについて参観教師がどのような反応を示すかも生徒たちに見せたい。こうなると、生徒が学びを実感するような授

生徒が授業研究会に参加する

業デザインが求められよう。研究会の持ち方そのものも併せて、本校教職員たちは知恵を出し合っている。

「時を告げるより、時計をつくる」。著名なビジネスコンサルタント、ジム・コリンズの『ビジョナリー・カンパニー』の一節である。[1] 組織の長である校長が、学校づくりのビジョンを実現するという目的を見失わずに、最も適した仕組みを準備するということを見事に言い当てている。

これまで述べてきたことは、ささやかな仕組みの導入であり、どの学校でも少なからず行われている。例えば、教師対象として、力量向上のために若手とベテランをペアにするといったメンター制の導入、授業公開を気軽に行うための学習指導案なしの授業公開、他学年の教員との情報交換を自然にするための職員室座席のフリーアドレス化など、いくらでもある。子ども対象としても、単なる職場見学に終わらせないための一週間程度の長期間にわたる職場体験や、同一箇所への複数回の職場体験の実施、地域貢献や自己効力感の醸成のための地域の方と協働で地域行事を企画・運営する機会の設定、愛校心の高揚と他者理解のための他校との交換会の開催など、どれも参考になる。大切なことは仕組みを実行するその先にある目的を見失わないことであろう。

第三節　組織を機能化する

理想の実現のため、校長一人で邁進するのではなく学校全体で動いていく。多岐に渡る業務分担の組織は必要であるが、完全分業制というのも問題である。既存の校務分掌について、学校を学び合いの場に変えるという目的に合っているか、実態に合っているか、動きやすいかなど検討し、組織を機能化することは学校に限らず重要な要素である。

校務分掌を簡略化する

組織の力は偉大である。教育、学校は一人で変えられるものではない。一人の百歩より百人の一歩である。いかに機能的な組織にするかは、校長の腕の見せ所となる。

学校の校務分掌には、大抵、教務部、指導部、管理部、研究部といった大きな仕事ごとに、それぞれ詳細な仕事の割り振りがなされている。明確な役割分担にしたがって、整然と業務が進行していくのである。

しかし、この役割分担表は二つの意味で検討していく余地があると私は考えている。そこで次のいずれの点においても、少し変更を試みた。一点目は、重複が多く負担感が増すことである。例えば最近はＩＣＴに関することのウェートが増えてきたが、校務分掌表では、研究に関することでは情報教育、管理的なことではＩＣＴ機器管理、指導に関することではＩＣＴ活用のルールの徹底といったことがそれぞれの部のなかに明記されている。ある程度は仕方がないにしても、ＩＣＴ担当として一人を指名しておけば、あとはわざわざ書くまでもなく、自ずとやるべきことが決められてくるのではないだろうか。一人一役とはなかなかできないが、これも理想を目指すべきだと考えた。

二点目は、学校を学びの場に変えるという観点に立つと、窮屈さ、やりにくさを感じることである。これまでの校務分掌表は、業務の細分化と明確化が優先され、それに各人の名前を当てはめていく方法である。これだと、あらかじめ業務内容が決められており、なかなか工夫の余地がない。それを、ＩＣＴ担当としてだけ指名しておけば、ＩＣＴを用いた生徒会活動の活性化や、教員の多忙化防止のための教員データのネットワーク化など、創意工夫の余地が生まれてくる。

校務分掌を簡略化することで、ＩＣＴという自分の足場をもとに業務改善や創意工夫という学びの場が生まれる。そして同時に、ＩＣＴに関することはすべて任されるという責任感も出てくる。行く先には、自律する教師集団が育まれるのではないだろうか。

チームに任せる

細分化を防ぐもう一つの方法として、部ごとのメンバーをある程度固定しておき、部長を中心に任せてしまうことが挙げられる。前任校では研究企画という組織があり、研究に関することはそのメンバーが担っていた。授業研究は各教科、すなわち全員で行い、総合的な学習は各学年、すなわちこれも全員で行うのであるが、それら学習活動の推進役、調整役を担っている。学習指導要領でも「教科横断的な視点に立った資質・能力の育成」という言葉で教科の壁を低くしていくことが謳われており、理にかなっている。メンバー内部の分担は研究主任に任せてある。同様のことは、年間計画や時間割をはじめとする教師の動き、事務処理を担う教務部や、生徒指導部にも言える。分担が必要なら、部長から指示が出る。基本的に、任せたことは最後まで任せる。教師を信頼することで育っていく。うまくいかなかったら修正を加えればいいし、責任は校長が取ればいい。これがミドルリーダー養成となるのではないかと思う。

また、前任校では授業研究のための「部会」組織があった。教科や経験年数など無作為

（意図はもちろんある）で、新任教師が気軽に悩みを相談したり、授業参観して協議したり、実践記録を読み合ったりするチームである。業務遂行のためではなく、考えを深めていく組織で、これも研究企画の運営による。

学校におけるチームは大きく二とおりある。業務内容としての校務分掌と、学年分担であり、それらが学校組織の縦糸と横糸となる。校務分掌上で、各部長と各学年の学年主任が二重のチームリーダーである。学校にはこの縦糸と横糸をうまく操る、校長を含めた組織が必要なのである。

多くの学校と同様に、前任校では、これら主任（学年主任三人、教務主任、生徒指導主事、研究主任）と管理職がすべて集まる主任会を、毎週月曜一限目に開催していた。一週間の打合せや確認だけでなく、各部からの提案事項もこの場で協議し、職員会議の回数を減らすことも可能になった。それぞれの立場での進捗状況、困っていることを出し合い、知恵を出し合う。校長が判断を下す場面も多い。もちろん、校長がいつでも相談に乗れるような体制でいることは必須の大前提である。二〇一九年度は、月曜日の二限目以降の時間割上に各学年部会を設定し、その日のうちに全教職員に情報が行き渡るようにした。これで、スピーディな動きが可能になった。

第四節　年間のリズムを創る

生徒の生活リズムに合わせた年間の学校教育のリズムを整えることで、時期に合わせたポイントを絞った教育活動に専念できる。内部だけでなく、外部に対して「わかりやすい教育」の発信にもつながる。

今は何に力を入れる時期なのか

学校では毎日授業があるので教材研究、授業研究は休むことができないし、終日生活しているので生活指導も休むことはない。また、いつも何らかの行事の準備もある。教師は基本的にいつもすべてのことをやらなくてはならない。

しかし、入学・進級の四月から、卒業・修了の三月まで、子どもたちの生活は年間のリズムがある。それらに合わせて、教師が今は何に力を注ぐ時期なのかを指し示して共通理解することが、高い教育効果を生み出すことにつながるのではないだろうか。教師も子どもと共に、学校で生活しているのである。

下図は、前任校の二〇一九年度の年間の教師の実践と研究のリズムを表したものである。

四月、五月は学級開き、授業開き、オリエンテーションなどで、生徒の年間の生活リズムを確立する時期である。教師の方も、研究組織を立ち上げ、研究主題を確認し、年間の学びの見通しを持つ時期とする。

五月後半から六月にかけて、授業研究の一つ目の「ヤマ」をつくる。各教科で第二単元以降に、生活や学習に慣れてきた生徒たちと、学校の研究主題や授業者各自のテーマに則って、一単元の実践に挑戦する。ちょうどその時期は外部からの教師に参加を

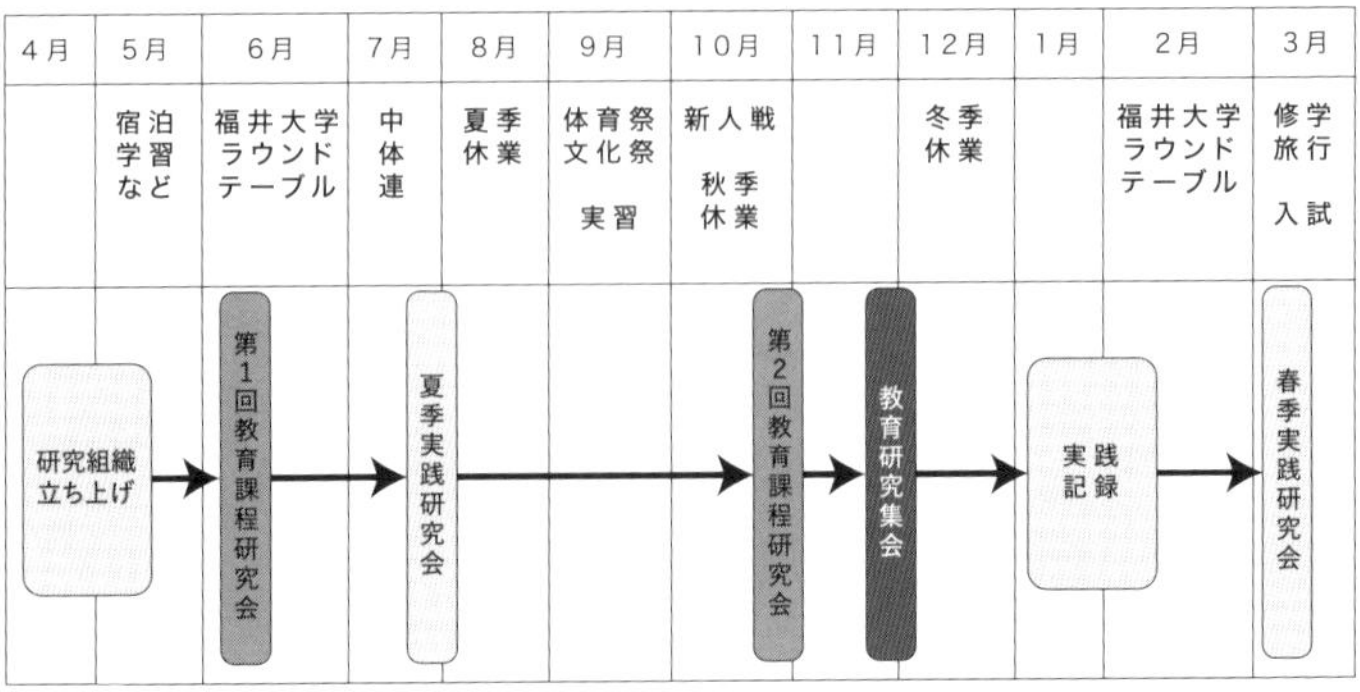

4月	5月	6月	7月	8月	9月	10月	11月	12月	1月	2月	3月
	泊習宿学など	福井大学ラウンドテーブル	中体連	夏季休業	体育祭文化祭実習	新人戦秋季休業		冬季休業		福井大学ラウンドテーブル	修学旅行入試
研究組織立ち上げ		第1回教育課程研究会	夏季実践研究会			第2回教育課程研究会	教育研究集会		実践記録		春季実践研究会

年間の学び（実践・研究）のリズム

依頼して授業公開を実施するので、校内でも授業公開を積極的に行う。そしてその実践を記録にまとめ、七月下旬の夏季実践研究会において読み合い、省察を促す。

八月後半から九月にかけては体育祭や文化祭に集中し、その後は中体連主催の各大会に打ち込む。秋季休業が開けた十月下旬から十二月初旬に、授業研究の二つ目の「ヤマ」をつくる。前半の授業実践で見えた成果や課題をもとに、新たな挑戦に向かう。十一月下旬には広く授業や子どもの活動を発信する「教育実践研究会」を開催する。一月から二月は実践記録にまとめながら、次年度へ向けての構想を練ると同時に、三月の修学旅行をはじめとする各学年行事に寄り添い、三月下旬、春季実践研究会で年間の実践研究を振り返り、次年度を迎えるのである。

年間で二回のリフレクションの機会があることが特徴である。振り返りが、次の挑戦への原動力となる。

年間のリズムで、何を大切にしている学校かがわかる

こうした一年間のリズムとその意味を全教師で共通理解しておくことが重要だと思う。そして時期ごとに校長が位置づけを確認しながら進めることである。数名だけが意識していても学校は動かない。前任校は研究校ではあったが、例えば「夏休みから秋休みまでは

子どもの活動に徹底的に寄り添いましょう」という具合に、授業研究からは一線を画するような確認をしてきた。その方がメリハリをつけられるだけでなく、次の二つ目の「ヤマ」に向けてじっくり構想をあたためることができ、次の授業研究のステージに飛躍が期待できる。

毎時間、全単元で教材研究が必要ではあるが、教師の力量形成を考えたとき、年間一、二単元を徹底的に考え抜いて丁寧に実践し、その実践の意味を皆で問い直していった方が、長い目で見ると効果が大きい。学習指導要領で「単元や題材など内容や時間のまとまりを見通しながら」と、ロングスパンの授業研究を奨励していることにも合致している。教師の力量形成はゆっくり、じっくりと進むのではないだろうか。

また何より、教師が見通しを持って毎日の教育活動に専念できることの意味は非常に大きい。その時期に最も重要なことに、安心して全力で取り組むことができるようにすることが、校長の「カリキュラム・マネジメント」の重要な部分である。

逆に言うならば、この年間リズムがどうなっているかで、どのような学校かを伺い知ることができる。前任校は生徒の自治活動を大切にしていて、それを実践研究に結びつけているので、前述のようなリズムになっている。例えば、部活動によって生徒の心身を鍛えようとしている学校や、生徒会活動を全面的に押し出している学校、基礎学力の充実を掲げている学校などいろいろあろうが、それぞれで特徴的な年間のリズムがあると思う。

大切なことは、なぜそうなっているかを全教職員で共通理解することである。生徒と教師の生活リズムは極力合わせたほうがよい。この部分の共通理解があれば、リズムそのものを刷新していくことも可能になるだろう。

第五節　対話を広げる

これまで述べてきた、学校を学びの場へとステップアップするための、「理想を語ること」「組織を機能化すること」などは、すべて「対話」によって実現され、その結果「同僚性」が構築される。本節では、校内の対話を促進する校長自身の対話に焦点を当ててみたい。

人は対話によって成長する。学習指導要領に関する中教審答申には、「子供同士の協働、教職員や地域の人との対話、先哲の考え方を手掛かりに考えること等を通じ、自己の考えを広げ深める対話的な学び」とある。協働を生み出し自己の考えを変えていく「人」との対話とはどういうものだろうか。

学校を学び合う場にステップアップするには、これまで述べてきたように、協働を生み出す「対話」は欠かせない。それを推進するために、校長自らが多様な他者との対話で視野を広げ、自校の教職員との対話によって、新たな知見を呼び起こすようなことが理想であろう。その際も、人によって語り方や聞き方は変わってくるものである。まだまだ経験不足ではあるが、私自身のことを中心に述べたい。

教育界の常識が通用しない他者との出会い

私が経験不足だと断ったのは、小学校に入学以来現在まで学校を離れたことがなく、さまざまな方面の方と語り合う機会があまりなかったからである。

そのなかで強く印象に残っているのは、福井県教育庁学校教育政策課に勤務したときのことである。私は「教育力向上グループ」のリーダーだったのだが、そのグループ及びその上司のなかで、教師は私と元高校教育課指導主事の二名だけだった。その他の行政マンは他部署からの異動で、教育に携わるのは初めてのメンバーばかりという状況であった。

慣れない本庁勤めに戸惑いは多かったが、なかでも、教育の世界で通用する考えが、一般にはなかなか通用しないことがこたえた。例えば「よい授業」とか「力量の高い教師」と言えば、教師同士ではある程度想像がつく。しかしそれが通用しない。「よい授業」は何が違うのか説明を求められるのである。「学習内容を定着させて……」と説明しても、言いながら「これでははっきりわからないだろうな」と思ってしまう。「教師の力量」についても大いに弱った。項目を立てて説明しても、文字にするとすごく陳腐なものに感じてしまう。結局、上司や部下に実際の授業場面に立ち会ってもらって説明するとか、例をいくつか出して説明するしかなかった。

行政マンのすごいところは、一旦理解すると絶対にぶれないところである。「これが、リーダー（私のこと）がこの前言っていた臨機応変な対応ということですね」「福井県の特徴ある教育ってこれも含まれますね」という具合である。抽象的な概念を具体に落として、他に説明できるまでになる。例えば「福井県の教育」というプロモーションビデオをつくり上げ、教育視察対応もそつなくこなす。さまざまな原稿や新しい施策をどんどん打ち出す。恐れ入ったと同時に、教師に欠けているものを明確に意識した。それは、教育内容や教育効果などを、万人にわかりやすく伝える能力と、本当にこれでいいのか考えて新しい発想を生み出す「クリティカル・シンキング」である。この経験は、その後の私の大きな糧の一つとなった。

その他にも、前任校での同窓会の方々との対話はたいへん面白かった。連綿と大切にしてきた校風、そして裏話が、面白おかしく再現されるのを聞いて、本当に大切にしてきたことはすぐに共有できる、教育はシンプルが一番だと心に刻んだ。こちらの思いを伝えると、快く力になってくれる方も多数いた。前述のシンガポールとの交信や研修も、同窓会の方々から大きな力を頂いた。地域の方や保護者とのつきあいも同様のことが言えるだろう。同じ職種ではあるが、校長会での情報交換や、そのなかでも同級生との交流は大切な心の支えとなる。いろいろな方との気楽で前向きな対話がおもしろい発想を生み出してくれるようである。

自校の教職員から学ぶことは多い

最も身近な自校の教職員との対話から学ぶことも多い。なぜなら、彼らは毎日最前線で子どもたちと向き合っているからだ。授業を見に行ったら、感想を述べながら授業展開の意図を聞いてみる。少々荒っぽくて的外れのような子どもの発言があった授業のあとで、「なぜ止めなかったの?」と聞くと、「いつも突っ伏して授業に参加できていないのに、あの場面では知っていることが出てきて、気持ちよく話しているので、そのままにしておきました。まわりの子もその状況はわかっているようでした」という返答である。なるほどよく見ている。しかも点でなく線で見ていて、近い将来への展望も視野に入れている。

子どもたちが自主的に総合的な学習を運営しているのを見て、「なぜこれだけ自分たちでできるの?」と聞くと、これまでの教師の下準備、生徒の実行委員との念入りな打合せ、そのときの教師とのぶつかり合いなどを語ってくれる。

そのような話を聞いた私は、まずは、教師の子どもを見る確かな目や、理念と見通しを持った対応に感謝すると同時に、何がそのような指導を可能にしているのか、私の解釈を添えることにしている。「ある子どもの発言を聞いているときに、その子と同時にいつも全体を観察して、雰囲気を感じ取っていますね」「前年度の同僚たちの上級生への指導をしっかりと理解して受け継いでいるから、新たな発想が生まれるのですね」といった具合である。また、知り得たことを皆で共有したいときは「通信」の出番となる。

至らないところを「穴埋め」していくことも大切だが、何気ない日常や挑戦されていることに意義づけすることが、少しでもやる気につながればと思う。

また、学校中の情報が集まってくる教頭との対話は欠かせない。しかし単なる情報交換で終わらせるわけにはいかない。対処の優先順位の決定や、判断のもとになるビジョンの共有が重要である。それらの情報をもとに、二人で相談して対応を考えたり、次の構想を練ったりする。教頭の口から全教職員に伝えて貰うことも多いが、教職員集団をだめにする簡単な方法は、教頭が教職員に「〜と校長が言っていますのでそのようにお願いします」と宣言することだと聞いたことがある。なるほど、それでは上意下達で、「学びの場」になるはずがない。だからこそ腹の底からの「対話」が必要なのである。

いずれの場合でも会議や面談などのフォーマルな場面と、その他のインフォーマルな場面を両方機能させたい。私が新採用だった頃は週五日制になる前で、土日も部活動に明け暮れて確かに忙しかったが、土曜の午後は普段とは違うゆったりとした時間が流れていた。

そこでは、たわいもない雑談ができたのである。また、今はなくなったが、職員室にストーブが置いてあったときも、ストーブ談義に花が咲いた。たまに管理職も加わって、興味深い裏話も聞くことができた。そのような場を意識してつくりたいものである。

第六節　外に開く

教室は基本的に閉じられた空間である。学校自体も危機管理上、常時オープンというわけにはいかない。しかし、教育関係者への授業公開や、地域の方への行事の公開はもちろん、教師や子どもが積極的に外部に教育内容を発信して評価を仰ぐことは、両者にとってより主体的な教育活動を生み、教育効果は高い。

学校・学級は私物ではない

学校や授業を公開する機会は増えてきているように思う。「公教育」であって、私物ではないので、皆に見てもらってご意見を伺うのは非常にいいことである。校内の同僚教師はもちろんのこと、保護者や地域の方々、さまざまな視察等、積極的に開いていくと良いだろう。

しかし、「本当は公開したくないのに校長がそう言うから仕方ないな」と思っている教師は結構多いのではないだろうか。教室が普段とは違った空気になることもあり、それを嫌がる気持ちもわからないことはない。「子どもが落ち着かないから」「人に見せられるような提案性のあるものではないから」などの理由で断るケースもあるようである。

教師のこうした反応は、開くことが教師評価につながるという考えに起因しているように思う。この発想を変えたい。教師サイドの話でなく、子どもにとってプラスの要因が大きいのである。

前任校は多くの視察依頼があった。海外からの来訪者も多かった。さすがにテストをしているときはご遠慮願ったが、私はほとんどいつも、職員からあきれられるほど二つ返事で視察を了解していた。職員には、準備は何もいらない、普段どおりでいいと言っていた。予告なしの参観もありえるとも伝えてあった。このような状態だったから、子どもたちは特段の緊張やリアクションはない。いつもどおりの授業風景である。しかし、多かれ少なかれ関心を持つ。海外からの来校者があると、生徒の方から、視察に同行している私に「何の目的できているんですか」と聞いてくる。「みんなの主体的なグループワークを自分の国に取り入れようとしているんだ」「教育旅行の訪問先にふさわしいかを見に来たんだ」などと知らせると、「なるほど、面白いですね。関心があるんですね」と応える生徒もいる。教室への視察が終わると、私から授業や行事の位置づけ、ねらいなどを紹介する。活動の意味を説明すれば大抵は理解され、コメントももらえる。それを担当教師から子どもに返せば、誇らしさを感じ、次の活動に生きるのである。私は「来るもの拒まず」でやってきているし、むしろ「どうぞ機会があれば来てください」と公言している。

現任校でも同様である。視察はことごとく受け入れ、生徒たちに視察者の感想を伝える。先日、次のような葉書を頂いた。「安居カフェ」という地域のお年寄りが会話を楽しむサークルからで、私が呼びかけた中学校での開催に応じて下さったときのことが書かれていた。

生徒に玉ねぎ染めを教えてくれている「安居カフェ」の方々

「気持ちのよい秋風が吹き渡る頃となりました。先日はいろいろとお世話になりありがとうございました。校内を見学しながら、明るく元気いっぱいの生徒さんの笑顔に触れ、こちらも元気を頂きました。ゆったりとした学習環境・設備をとても羨ましくも安居の誇りだと思います。有意義な刻を過ごさせて頂き、一同喜んでおります。これから気温の変化などで体調を崩されないよう、勉学にスポーツに励んでください」。集会で生徒たちに披露し、地域と互いに支え合っていることを実感し、感謝する機会となった。

このようなことがたびたび行われれば、授業や生徒活動を仕組む教師にとっても刺激となり、普段からいつみられても恥ずかしくない授業をしようと思うのは当然だろう。

発信することで子どもも教師も変わる

子どもが外部に対して自分たちの取り組みを発信することも非常に価値がある。現任校では、公開研究会での生徒活動についての発表を、前年度までは生徒会執行部が代表して行っていたが、二〇一九年度は、全員参加のポスターセッションとした。一~四名で、「自分が伝えたいことを自分の言葉で表現する」ことだけを確認し、内容は自由とした。学校行事や総合的な学習に関することだけでなく、「〇〇の授業で学んだこと」「一年間の放送活動を通しての学び」など、内容は多岐に渡った。参加者からの質問にも懸命に答え、全員がやりがいを感じ、次年度も是非やりたいという願いを持った。良き聞き手に支えられて語ることで、生徒たちは間違いなく成長を遂げた。

また、前任校では三年前まで教師が行っていた学校説明会を、生徒のプレゼンテーションに変えた。実際に学んでいる生徒の生の声だから説得力があるのはもちろんだが、何より、どんなことを伝えるとよいかを生徒たちが考えるところによさがある。発表を終えた生徒たちは、ますます自校に愛着を感じる。

これらの活動を教師が支えることはそのまま教師の学びとなるが、教師自身が直接発信することも、子ども同様にとてもよい。福井大学連合教職大学院では年間二回、「実践し省察するコミュニティ／実践研究福井ラウンドテーブル」が開催され（最近では子どもも参加している）、ポスターセッションや、実践報告の機会がある。前任校では全員に、年間一回は何らかの発信を義務づけていた。特に小グループによる実践報告は一人に百分間が割り当てられ、かなり詳細な報告ができる。単に筋書きどおりの発表でなく、自分の言葉でそのときに考えて語るからいいのである。最初は長すぎると感じる教師もいるが、質問に応じながら語っていると短いくらいである。私も何度か報告やファシリテーターを務めたことがあるが、意義を探して認め合い、複数の発表の関係を探ったりするので、どんな立場の参加であってもたいへん心地いい時間となる。時間は掛かるので疲労はあるが、それより、自分が意識していなかった意義を指摘されることで、次の挑戦への意欲が高まる。それを自校に持ち帰ることで、「よさの伝搬」が生まれる。学校の方向性を外部の眼によって確認する意味合いもある。

このようなことを繰り返すと、さまざまな教育活動をやりながら、最初から「いつ、どうやって発信するとよいか」という発想になる。現任校でも、この「ラウンドテーブル」

での生徒活動や教師の実践の発表を学校の年間計画のなかに位置づけた。第四節「年間のリズムを創る」で記したとおりである。そして令和二年二月には多くの参加者の前で発表し、生徒も教師も手ごたえを感じ取ったのである。

第七節　伝え方を考える

校内外にさまざまな情報を伝えていくことは、「対話」の第一歩であり、「外に開く」ことの重要な要素である。伝わらなくては始まらない。問題はその伝え方である。伝え方次第で、同志や応援団を得るか、敵をつくることになるかの分かれ道となる。

行政経験で得た「相手に応じる」ということ

教育の世界にだけいると気がつかないまま終わってしまうことにもなろうが、教師は伝え方が下手である。第五節で紹介したように、行政経験で私はそれを思い知った。どうも、教育に関しては万人が同じ土俵に乗っているといった自分の思い込みが強く、教育用語で片づけてしまいがちであること、普段が大人相手でなく子ども相手なので、わからなかったらわからない方に非があると考えてしまいがちであること、そもそもあまり第三者に対して説明する機会が少ないことなどが原因だろうと思う。「独りよがりにならない。相手の立場に立って考える」。当たり前のことだが、現実は、なかなか実行できていない。

行政では、一般市民にわかりやすく、というのが基本である。日常で使われている、一見わかったような気になる言葉は特に厳禁である。例えば教員の世界では一般的な「推進」「充実」「連携」といった用語を何の疑問もなく使用したところ、「中身がない」「雰囲気しか伝わらない」「結局わからない」と、けんもほろろであった。相手によって伝え方を変え、イメージが湧くように工夫するのが世の中の常識なのである。

前任校で、入学希望の保護者や児童対象に、各教科でどんな力を付けようとねらって、どのような学びを行っているのかを、簡単にリーフレットにまとめて、配布したりホームページにアップしたりした。

この作成には、思ったよりかなりの時間がかかった。研究主任からは、「資質・能力」などの難しい言葉は使わないでおこうという呼びかけがあったのだが、なかなか一般向けの言葉で表現できなかったのである。例えば、理科が目指す培いたい力は「生命や環境、エネルギー問題に強い関心を持ち、解決できる力を育てます」、音楽は「自分の生き方に大きな影響を与えていくことを実感し、生涯にわたって楽しんでいける力を育てます」といった感じである。「内容はわかるけれど、表現が硬い。一言でズバッと言い切って欲しい」とお願いし、ヒアリングを重ねた。結果として、理科は「自然環境に存在する問題を、自分たちで解決できる能力を育てます」、音楽は「生涯にわたり「音楽文化」に親しむ人を育てます」となった。

次は実現するための手立てだが、これがまたどの教科も、項目、字数とも多すぎる。どうもすべての内容を網羅しようと考えている。「どうやってもすべての内容を伝えることは不可能だし、まずは読んでもらわないと始まらないので、誰でもイメージできる具体例を二～三個に絞って欲しい」とお願いした。研究主任はその意を汲んで、各教科の話を聞いて得意のイラストを自作して添えた。こうやって、シンプルで、見た目にも楽しいリーフレットができあがった。伝える相手に応じた表現方法を考えることの大切さを共有できたように思う。

授業実践を伝える

教育関係者に実践を伝える場合は、相手は同じ土俵の上にいるので、思ったとおりの言葉でよい。しかし、授業実践記録は簡単に書けるものではない。どうしても学習指導案のような、箇条書きや表形式になってしまう。その方が書きやすいのである。もちろん、そのような形式は一目でわかるというよさがあるので、あらすじのみを伝えるには適している。ポンチ絵でうまく表現できれば、ポスターセッションやチラシには最適である。

しかしそれだけでは、授業のダイナミズムを伝えることができない。実践の実際は、教師と子どもの発言や振る舞い、そしてそれらを授業者は授業中どのように捉えてどのように授業を組み立てていったのか、授業後にどのように意味づけして次の授業に臨んだのかなど、授業は状況に応じて刻々変化していく繊細な営みなので、箇条書きで示せるものではない。大切なことは背景を含むストーリーである。逆にストーリーが描けないような授業では、子どもに即興的に寄り添った授業になっているとは言えない。

私は、まずは語ってみることを勧めている。そうすると箇条書きのような説明ではなく、「接続語」を用いた因果関係が重要であることに気づく。また、すべての事実を語る必要もないことに気づく。大きな転換点、何が重要な発言や活動となっていたのかを振り返り、捉えるのである。そうしたいわゆる「話し言葉」を原型として、適切な言葉を選び（探し）だし、「書き言葉」に落とし込んでいく。振り返って意味を捉え直し言語化していくという「省察」が教師の力量を飛躍的に高めていく。

そのようにしてできあがった実践記録は、本人にとって、目の前の読み手にとって、時間や空間を隔てた第三者にとって、貴重な資料となるのである。

まずは管理職から

私は前述のように、職員に対して、なるべく「これはどういう意味か」と問いかけることで、伝え方を考えることの重要性を意識してもらおうとした。こちらの方で勝手に修正してしまっては、教師の学びにはならないからだ。

また、来客用に、前任校の副校長室には教育活動が紹介された新聞記事や、重要な写真（合唱や修学旅行での音楽ドラマの発表、シンガポール研修など）や教育活動を象徴するポスター（プロジェクト型学習の英訳版、研究集会報告など）をパネルとして次々と掲示していった。ほとんどの来客が関心を示してその内容を聞いてくる。そこで私はそのパネルをもとにして、ミニ学校紹介を始めるのである。研究主任が苦労して作成したポスターが日の目をみる瞬間である。たまに入室してくる生徒たちが興味津々で見入っていることもあった。

副校長室のパネル掲示

わかりやすくという観点で言うなら、私は翻訳家の役割を果たしたいと思っている。かつての同僚に教職大学院の修了生がいて、すごい学びがあっただろうと期待して教職大学院で学んだ意味を聞いてみると、すっきりした答えが返ってこない。勧められて読んだ本や実践記録、小グループでメンバーを換えながら何度も語り合ったカンファレンス、それまでの教師人生を記憶や当時の記録などをもとにして苦労して書き上げた長期実践報告など、それらがどのように関連しているかについての自覚がないので、達成感が湧いていないようであった。しかし、よく聞けばすべてきれいにつながっている。そのつながりを説明すると、「そんな意味があったんですか」と心底驚いていた。逆に驚いたのは私の方であった。わかっているようで実はよくわかっていないことがたくさんある。少し高い視点から俯瞰的にみることで、景色が変わることがある。また、研究者からの助言や中教審答申なども本当にわかっているかと言われれば怪しいところもあるだろう。私自身もたくさんはっきりしない部分があることを自覚しながら、よき翻訳家となれるように、相手に応じた伝え方を意識していきたいと心がけている。

注・参考文献

［1］ジム・コリンズ『ビジョナリー・カンパニー』山岡洋一訳、日経BP社、一九九五年

解説 学びの物語を通訳する

秋田喜代美

変革の中心に生徒を据えるための越境

学校教育の変革のビジョンが成功するには、次のことが大事だと私は考えています。それがスローガンで終わらないように、どのような姿に育ってほしいのか、ビジュアライズ（可視化）された具体的な生徒の姿、教師の姿として校長が捉え、共有し、さらにそれを教師とともに引き出していくことです。生徒が主人公、主体という表現はよく使われます。しかしそれだけではなく、具体的にどのような場を創り、どのようにしてその姿をうみだしていくかという生徒主体、生徒主役のイメージが必要です。そしてそのためには、過去を超え、常識を超え、学校の壁を超えていく覚悟と、そのための専門性としての知恵や見識と行動力が求められるのです。

私は牧田先生が研究主任をしていたときから副校長をされていたときまで、助言者として十五年以上、ずっと福井大学附属中学校（義務教育学校）の研究に関わらせていただきました。その学校のなかでは一貫して「自主協同」を学校目標としていました。そして、学校の壁を超えて海外の学校と連携したり、私が研究総括をしているＯＥＣＤイノベーション・スクール・ネットワーク（ISN）に参画してくださるなかで、地域や社会への貢献の重要性を生徒自らが実感し、学校教育目標にも「自主協同」とともに新たに「貢献」の語が加わりました。その貢献の重要性を、校長や副校長だけではなく、そこにいた教師のひとり柳本一休先生は「これまで中学生に社会や地域貢献は難しいと思ってきたが、この学校で学年プロジェクトをとおして生徒への見方が変わった」と語り、生徒を地域や社会に将来貢献するために育てるのではなく、現在も貢献しうる存在として見るようになった、その言葉が地域の公共を生みだすために重要だと語ってくれました。

公開研究会として開かれる授業研究会は、教師の研究の場です。しかし本章に書かれているように、この学校ではまず、生徒も主体的に参加できるという意味で、中学校では合唱が加わり、合唱を総合に指導し合う場面の公開が入れられました。その後、生徒自身が自分の探究を、公開研究会に来た教師たちにプレゼンすることが始まりました。そして今では、教師とともに生徒自身が自分たちの学校の良さや特徴を探求し公開し紹介するなどの取り組みが生まれています。その場に立ち合わせていただきながら、生徒だからこその発想に触れることができ、学校のなかにあらたな空気が吹き込まれるさまを体験することができました。

ISNでは、中高校生同士が学校を超えて、探究学習での経験を語り合うワークショップが実施されました。これは元高校生である大学生たちのアイデアで始まった、探究活動年表をつくり、がんばってよかった月と悔しかった月を語る、という活動です。この「悔しい」という思いなどは、生徒の声だからこそ見えてくる学びの実相と言えるでしょう。生徒の声を学校に入れていくのは、生徒会や三者協議会だけではないのです。公開研究会という教師の研究の公開とされてきた場も、教師も生徒も自分たちの研究を公開して対話する場にもできるのです。それは生徒の声を聴く教師側のマインドセットによるのです。

学校を開き、新たないろいろな出会いが生まれる。それによって生徒一人ひとりの力がより引き出され、発掘される具体的な姿を見ることが共有できる。そのことでさらに具体的な学びのイメージを生み出す教育活動が実現し、外からもそのよさを見出してもらえることがさらなる循環を生み出していく。そんな姿を見ることができました。

職務の仕組みと時間をデザインする

学校がワンチームとなって、それぞれの卓越性と多様性を認めていくために何が必要か。学校組織論の研究などでは、校長をトップとした職位階層のピラミッド型ではなく、チームの組織にさまざまな役割を委ね、そこでリーダーを育成していく協同分散型リーダーシップの重要性が語られます。[1]そしてそのとき「①流れとしてのルーティーン、②きまりやルール、③どんな知の共有の道具（ツール）をつかっているのか、④どのような体制を取っているのか」という点から組織を見直すことが大切、と指摘されています。原則④に関して言えば、牧田先生が書かれているように、学校の教育機能から見て分掌を単純化し、あとは教職員の自律的な創意工夫に委ねる、ということになります。

しかしそれだけでは、多忙な学校はうまく回りません。ここで、学校における生徒の学びの時間、教師の学びの時間を中核に考えて、どのように年間での時間とそのリズムをデザインするかというタイム・マネジメントの視点と、そのための学びの場をどのようにデザインするかというナレッジ（知識）マネジメントの視点が重要になります。それが①の流れとしてのルーティーンや、②のそのためのきまりやルールを見直すことにつながります。牧田先生は本章で「年間のリズムで何を大事にしている学校かがわかる」と述べています。タイム・マネジメントを、単なる働き方改革、行政の管理統制のために行うのではなく、教師の専門性を向上していくために、専門家としての学びのプロセスを年間をとおして学校においてデザインし、いくつかの山をとらえていく、というスタンスです。常に張りつめたゴムは、それ以上伸びようとしても伸びるゆとりを持てなくなります。同じように、学校生活にもリズムが大事なのです。

行事予定ありきではなく、どのような生徒を育てていくために、どのような教育課程を編成していくのか、そのなかで教師が教育指導を行う時間に加えて、専門家として学びながらも振り返るための時間をどのようにデザインするのか。その視点が必要です。それには、教務主任や研究主任にお任せでは済まないでしょう。年間のサイクルをなぜ、どのようにデザインするのか。教師もその見通しを共有するにはどのようなメッセージを校長が伝えていくのか。そんな見方が求められるでしょう。マンネリズムに陥ると「これまでもこの学校ではこのようにやっていたから」という語りがされて、保守に入ってしまいます。守るべき理念やあり方としての教育目標と手段が往々にして逆転して、こうやるのが常だからこうしなければならないと教職員の行動を縛っていく。そうなっていないか、振り返りの時間も含めた時間的なデザインをとおして、どのような資源（リソース）をどこに投入するのかを判断、決断していく仕事が校長には求められるのです。

特に教育課程の編成や学びの評価のあり方は学校の要です。下図のように、自治体

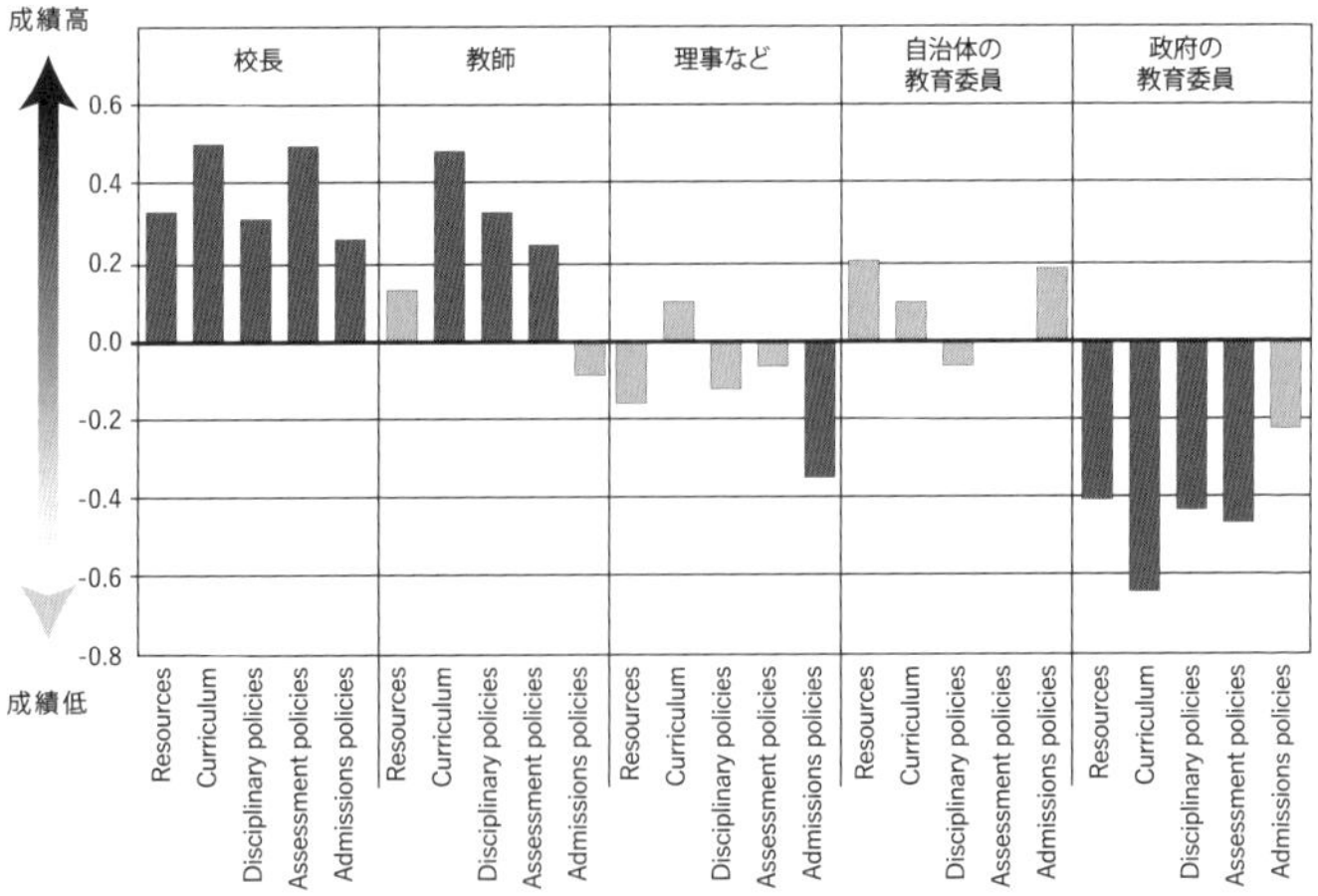

学校長などの責任や権限と生徒の理科得点との相関の強さ（OECD, PISA 2015 Database）

主導ではなく、学校長や教師がそれに責任や権限を持っているほど生徒の学習成績が高いことがTALIS2013では示されています[2]。どのように子どもたちの学びの内容や経験を保障し、そしてそれをどのように見とり、語るのか、そのデザインが校長に問われているのです。

通訳者として、学校の内外のインターフェイスとして

校長は学校の教育のビジョンを描き、それを具体化する仕組みを教職員とともにデザインする。そのとき、そこで生まれた学びの物語りをどのように内外に発信していくことができるのか、それが学校における一つの形成的な評価になることを牧田先生は述べています。授業の指導案の時点では箇条書きであったことに、接続詞によってつながりの関係が生まれ、文脈や背景を持った学びの物語りが見えてくる。その物語りを生み出すための良い聴き手になったり、通訳者（翻訳家）になることが校長の役割である、と述べるのです。そしてその物語りは教室のなかの一人ひとりの学びの物語り、学級の学びの物語り、学校の学びの物語りとなっていきます。

私も牧田先生の副校長室を訪問したことがあります。壁には写真入りの記事などが貼られ、それに文脈が付けられて物語りとなって語られる。その物語りは、国や自治体が届ける、い

わゆるマスター・ナラティブである改革のストーリーではありません。学校に生きる人びとの日常生活のなかに見える物語りです。そうした学びの物語りを、校長もまた紡ぎだすことによって、その学校に組織としてのアイデンティティが生まれていきます。私の物語りが私たちの学びの物語りへと変わっていく、と言っていいでしょう。学校の外の人に開くことで、その物語りをとおした接面（インターフェース）を創りだし、その通訳者の一人になるのが校長です。その校長の姿をみて、教員や生徒もまた、学びの物語りの語り手になっていくのです。

もう一つ、図を見ていただきましょう。下の図から、日本が自治体の教育委員会と学校との協働によってさまざまなことが決められる仕組みになっていることがわかり

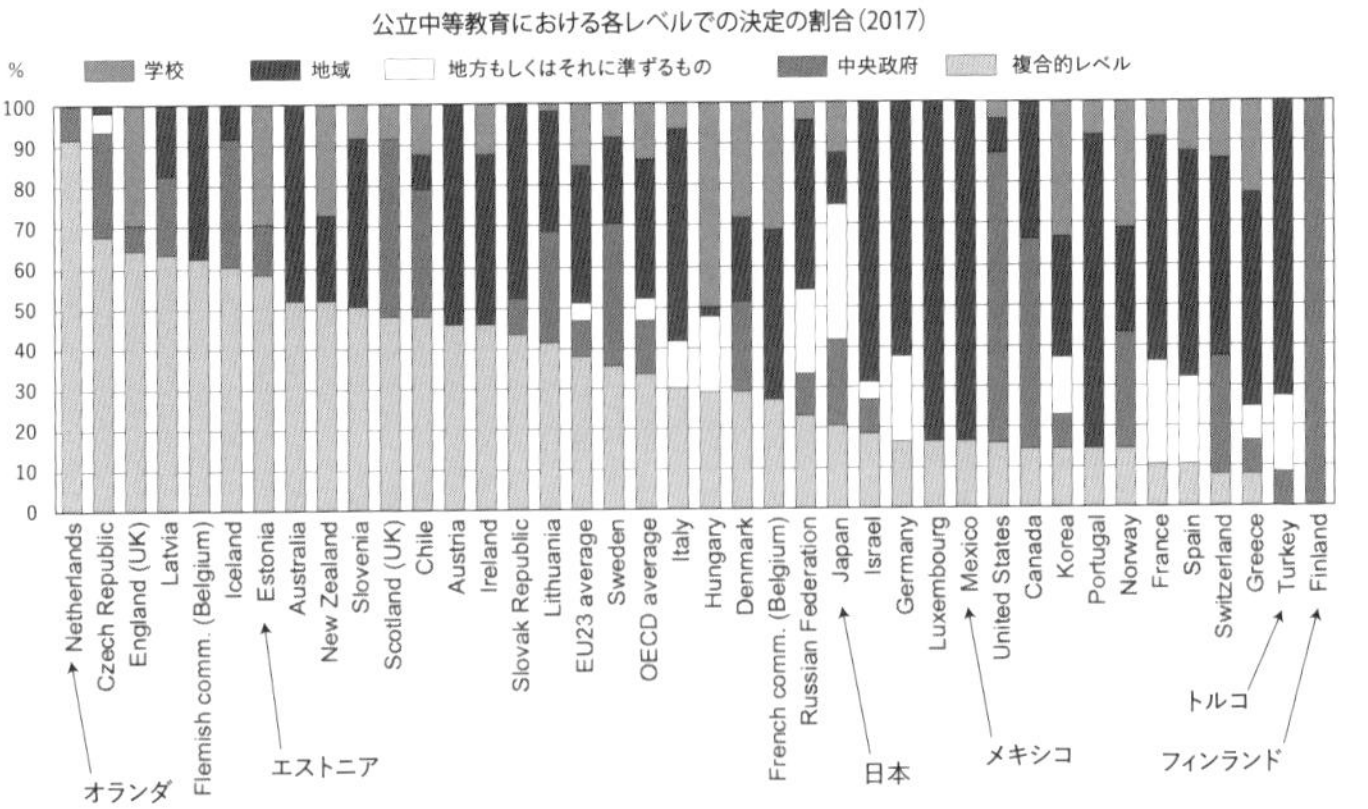

教育の決定権を持っているのは誰か (Percentage of decisions taken at each level of government in public lower secondary education, 2017)

ます。オランダやフィンランド、エストニアのように学校の権限だけによるのでもなく、またトルコやメキシコのようにすべてが自治体で決められるトップダウンでもありません。それが学校間の格差をうまない教育の公平性や平等性に寄与してきている点にも大きな意味があります。
一方で、学校長が自治体の教育委員会とどのように協働したり、展望を共有していくのか、学校が自分たちのメッセージをどのように発信していくのかということもまた、学校をさらにエンパワーメントしていくために重要になる、ということも読み取ることができるのです。

注・参考文献

［1］Spillane, J.P., *Distibuted Leadership*. Jossey-Bass, 2012. ＯＥＣＤ教育研究革新センター『21世紀型学習のリーダーシップ　イノベーティブな学習環境をつくる』木下恵美他訳、二〇一六年、明石書店

［2］国立教育政策建空所編『教員環境の国際比較（ＯＥＣＤ国際教員指導環境調査（ＴＡＬＩＳ）２０１３年調査結果報告書』、二〇一四年、明石書店

第四章

教育活動を価値づける校長通信

目の前の子どもや教師の状況を把握し、教育活動の意味や効果などを価値づけて校長がフィードバックすることではじめて、教師たちが教育効果とやりがいを自覚し、徐々に自律的な活動につながる。さらに、それらに理論的裏づけを加えることで、自信を持って教育活動に従事できるようになる。これら価値づけの手段の一つとして「校長通信」を提案する。

第一節　校長の学びとは何か

授業をするわけではないので、毎時間の教材研究はさすがにもう必要ないだろう。しかし、判断や決断を常に迫られるから、その判断材料となる最新の情報は常に取り入れなければならない。そのために、本を読んだり、講演会に足を運んだりした方がいいだろう。とにかく挨拶が多いから、その原稿を考えるためにも読書は必要不可欠に違いない。学校は社会の縮図だから、いろいろな立場の人と話をする機会を持つことは大切だろう。手っ取り早く、先輩校長に経験を聞き出すのが一番近道のような気もする。さまざまな研修も企画されているので、その場を有効に使うのもいいだろう。

考えれば、校長の学びの場は、日常的に目に触れるところにいくらでもありそうである。右記のことはどれも当たっているだろうと思う。しかしながら、一方でちょっとピンとこない部分がある。というのも、教師は子どものいる学校で学ぶと前述した。ならば校長も、教師のいる学校で学ぶのが本当ではないか。どんな方法が考えられるだろう。私は、勤務校の教師向けに通信を出すことで、校長の学びが実現できるのではないかと考えた。いや、正確には、発行しながら徐々に自己研鑽になってきていると感じるようになったのである。

校長通信「Learning Compass」

次の文章は、令和元年七月十六日発行の安居中学校長通信「Learning Compass」第十八号からの抜粋である。

職場体験学習スタート（Leaning Compass, No.18, 2019.7.16）

毎年行われている二年生の職場体験学習が、装いを一新して七月十二日にスタートした。これまでも教職大学院の協力で実施している職場体験面接をはじめ、最近では珍しくなったであろう四日間の体験というのは、本物を目指してきた証拠である。

（略）

金曜日はこの試みに賛同してくれた七つの事業所（そのなかには安居地区も二か所含まれている）、市教委の指導主事やキャリア教育コーディネーターが皆そろって、職場説明会がスタートした。生徒たちは七つのグループに分かれて、各事業所の方から、仕事の内容や働いて得られる喜びや苦労、中学生が体験できること、そして中学生への課題などを聞き出す。事前に質問内容をある程度考えてきているとはいえ、話の流れのなかで変更しながら進めていくことになる。次はその内容を模造紙にまとめる自分たちが聞いた一つの事業所についての発表が、皆がどこへ体験に行くかを決める唯一の判断材料となるので責任重大である。事業所の方も見守っている。二十五分程度の短い時間で、皆わき目もふらず作成する。長い時間は必要ない。プレゼンする内容は、直前にインタビューした内容だけなので限りがあり、新たに何かが生まれてくるわけではないからである。よく考えられている。発表は各四分間。私は次の予定があり二グループしか見ることができなかったが、いずれもグループのメンバー全員の口から説明されていた。（略）

注目すべきは生徒たちの熱中ぶりである。インタビューしている生徒たちの姿を見ていて、感動で涙が出そうになった。体が前のめりになって、一言も聞き漏らさないという構えなのである。残念ながらこんな姿勢を四月から今までの授業で見たことがない。休憩時間が来てもトイレにも行かずインタビューを続けている。模造紙にまとめているときもわき目もふらず没頭している。「どこから発表してもらおうかな」という問いかけに、リーダーでなく全員が「はい」とまっすぐ挙手をする。言いたくて仕方がないのである。
この生徒たちの姿を見れば、第一次は大成功だったと結論づけてよいだろう。事業所から中学生への課題も、「リピーターを増やすにはどうすればいいか」「どうしたら効率的な業務になるか」など難問ぞろいである。課題は難解な方が良い。これから本当の履歴書作成、面接、事前見学、体験、報告会と、十一月末まで続くロングプロジェクトである。T事業所のUさんは、こんな機会をもらえてありがたかったとおっしゃっていたらしい。これからのキーワードはウィン・ウィンである。少々大げさに言うなら、生徒たちはこの学習に自分の人生を見ていた。自分をかけた活動には、壁が高くてもぶつかっていくのである。教師側の協働によるロングスパンの授業デザインの重要性と、生徒の大きな可能性を見た。

題材とした職場体験そのものは珍しいものではないが、私は生徒たちの学ぶ姿を見てたいへん感動した。この姿をぜひ職員全員で共有したいと思った。そして、学ぶ姿そのものだけでなく、「なぜこれだけ学びに熱中できたのか」を、私自身の眼で捉え直そうと思ったのである。「学習活動に対する個々の生徒に課せられた責任の重さ」「事業所と生徒とのウィン・ウィンの関係」「難解な課題に臨ませるために、自分事にできる課題を準備」といった仕掛けが有効に働いていたこと、そして、教職員全員に通信をとおして「教師側の協働によるロングスパンの授業デザインが生徒の可能性を広げる」ことをメッセージとして贈った。具体的な目の前の活動をもとに方向性を指し示す。第三章第一節「理想を語る」に通じることである。別の教師が見れば別の見方があるだろうがそれでいい。皆で話題にすること、振り返ってみることが重要で、そのきっかけを設定したに過ぎない。第三章第二節の「仕組みを整える」にも通じるだろう。

校長通信発行のきっかけ

このような通信の発行は、前任校赴任一年目の六月から。かつて私が教諭として勤務した、学びを追究することにおいて伝統ある学校だった。しかし、十一年ぶりに戻ってきて、しばらく様子を見ていると、どうも前例踏襲が多いのではないか、事務的にこなしているだけになっていないかという疑念が持ち上がった。「〜をやらないといけないから。そのようにこれまでやってきたから」という発言が多いと感じたのである。「実践記録は書くことになっている」「一年生の三月には校外学習に出ることになっている」という具合である。時代は動いている。学習指導要領改訂の動きも本格化し、「学び」の問い直しがまさに全国規模で行われていた。そんな時勢のなかで、これでは「井の中の蛙」になってしまうのではないかという不安がよぎった。現実の状況に合わせて、少しでも判断の材料になるような情報提供をしていこうというのが発行のきっかけである。決して押しつけではなく、一度目にしたら即ごみ箱行きで結構。あくまで参考程度にという気持ちであった。

最新情報の共通理解などに関しては、本来ならば、会議を開いて、一つずつ具体的に確認していくのが一番いい。質疑応答もできるといい。しかし、教師はとにかく時間がない。そして最大の特徴として、教師には教えと学びのペースがあるということが挙げられる。最優先すべきは子どものことなのだが、子どもの状況は刻一刻変化するので、状況に応じたペースにならざるを得ない。これが教室を主な職場としている一般的な教師の日常である。私自身がそうだった。考えたいとき、振り返りたいときに、それを後押しする資料が欲しかったのであり、決められた時間枠の押しつけは受け入れ難かった。「働き方改革」も叫ばれており、どのように時間を使うかも無視できる状態ではない現実もある。

とは言うものの、発行にあたっては覚悟が必要であった。情報提供だけならよいが、徐々に校内の特定の教師や生徒の活動を書き綴るようになるにつれ、「責任」の重さを感じていく。校内だけと断ってはいても、文書として配布しているので誰の目にとまるかわからないからである。私自身の信用失墜行為や、教職員との信頼関係にひびが入ることにもなりかねない。したがって、言葉選びには最善を尽くし、それでも誤解が生まれるようならやむなし、という覚悟であった。

第二節　校長通信の効果

渡辺本爾先生の学校便り

通信として発行して紙ベースで残しておけば、折に触れて何度でも読み返すことができる。私自身、大いに感化された通信がある。渡辺本爾先生（元福井市豊小学校長、元福井市教育長）が保護者向けに発行されていた学校便りである。渡辺先生は、私の長女が小学校二年生から四年生までお世話になった小学校の校長であり、私の中学校時代の国語科の恩師でもある。赴任一年後の平成十一年五月から平成十三年三月までの約二年間に渡って、合計二十号発行されている。B４の両面印刷で、渡辺先生が必ず巻頭言をお書きになっていた。私はそれをすべて保管しており、現在も折に触れて読み返す。

「総合的な学習の時間」が始まった頃で、その内容や意義についての解説や、地域に開いた学校にするという学校経営の具体化のことなども当然ながら記載されていた。第一号での、「学校を開きます——学校を地域に、地域を学校に——」は、学校と地域がウィン・

ウィンの関係を築き、学校を含めて地域全体で子どもを育てていこうという、まさに現在の「社会に開かれた教育課程」の理念と具体的提案がなされていて、先を見る目の正しさに頭が下がる思いである。第二号では「総合的な学習の時間」の試行実践として行っているる「みのりパワフルタイム」のことが書かれているが、体験を重視することを取り入れていくことの大切さもさることながら、それを支える「聞くこと」や「見ること」の重要性に言及している。決して時勢に流されているのではなく、学ぶことの基礎基本を説いている。

しかし、私が後生大切に保管していた理由は、具体的な方策というより、教育に対する熱意や学校経営に関する信念のようなものを強く感じたからである。「あけましておめでとう」というタイトルの平成十一年度第六号を紹介したい。

あけましておめでとう（福井市豊小学校だより第六号、2000.1.12）

山をみても頂上まで登ってみたくならない人
不幸な人がいても　なんとも感じない人
まちがいに気づいても　気づかないふりをする人

正義も自由も平和も　はじめからあきらめている人
そんな人は失敗をしない
そんな人が失敗をおそれない勇気を
すこしだけもってくれたら
地球はすみよくなるだろう

——レイフ・クリスチャンソン「ゆうき」の一部

人間はいろいろな節目を設けて立ち止まり、来し方を振り返り、行く手を展望します。二〇〇〇年代の幕開けとなった今年は、世界中の人々が特別な思いで新年を迎えたように思われます。

六十億の人々が地球規模で、同時進行形で物事をとらえ、考えていく時代です。子どもたちをどのように育てるかは地球の未来を左右するのです。

そんなとてつもなく大きなことを、あれこれ考える一方で、なお一層、地に足つけた確かな教育の歩みが、学校にも家庭にも求められているのだと思わずにはいられません。

三学期は、学校は、一年のまとめの時期です。失敗を恐れぬ勇気を、子どもたちに育ててきただろうか。成功だけを求めて、失敗することを恐れる弱い心を克服できただろうか。希望や夢を大切にしながら、未来を語る子どもたちに成長しただろうか。自分一人ではなく、たくさんの人に見守られて、今の自分があることに気づいているだろうか。

毎日、子どもたちとともにある私たちの反省でもあり、保護者の皆様方とともに考えてみたいことでもあります。

今年も、三学期、子どもたちは「ありがとう友　家族　ふるさとの人」というテーマで、自分たちの一年をしめくくります。

この号をはじめとして、「失敗すること、挑戦すること」「聞く力、聞きとる力の重要性」「自己決定と自己責任の力を育てる」といったタイトルで、教育の根幹を説いている。引用も高村光太郎「道程」や、ふるさとの歌人　橘《たちばな》　曉覧《あけみ》「独学吟」など、格調高くも、理解しやすいものばかりであった。小学生の保護者であった当時の私は、保護者であることを忘れて、崇高な教育理念に酔いしれたのである。

これは、保護者向けの学校便りである、しかし、確かめたことはないが、今思えば、教職員に最も伝えたかったのではないかと想像している。学校と保護者とが同じ歩調で進むからこそ、高い教育効果が得られる。私が通信を発行しようとした原点がここにある。

価値づけることが教師を伸ばす

教師は、「今」の「目の前の生徒」の状態を考えてさまざまな手法を取る。いつでも誰にでも通用するような方法などない。その指導がどうだったのか、子どもたちにとってどんな意味があったのか、しっかり吟味したいところである。

私は、最初は情報発信の場として始めた通信に、徐々に別の役割を持たせるようにしていった。例えば、参観させてもらった授業での生徒の学びとその裏側の教師の仕掛け、生徒活動とその裏側の教師の仕掛けなどの意味を、なるべく機を逸することなく書き表そうとした。これこそが校長の具体的なメッセージになるのではないかと考えたのである。前掲の「Learning Compass No.18」も、金曜日の午後の授業について、三連休明けの火曜日朝に配布した。

同じ子どもを、同じ「時間」と同じ「空間」で共有しているからこそ、同じ職場の教師には伝えたい主旨が理解できるのではないだろうか。このような省察を共有し、さらには教師各自が自身の実践を省察する習慣をつけることになれば、通信がきっかけになって、学校が教師にとっての学びの場となれば、と願ったのである。

教師はなかなか自身の実践の価値づけをすることができない。機会がないといった方が正しいかもしれない。たまに外部向けの公開授業などによって評価を受けることもあるが、なかなか日常のこととは言い難い。何気ない日常の出来事にも、価値あることは非常に多いし、実はそんな出来事が、教育上大きな意味を持つ。なるべくそんな日常を切り取り、価値づけることができたら、教師にとって大きな活力となるのではないだろうか。

教師はどちらかというと、褒められて伸びる人種だと私は思っている。学生時代、割と成績優秀で褒められてきたような人が多いように思うからである。だからと言って、褒め殺しになってはいけないし、必要以上に褒めようなら、本人を傷つけることにもなる。

したがって、通信を書くにあたって大切なことは、まず本人が何をねらっていたのかを言い当てること。そのことが、次を読もうとする原動力となる。全く違っていたら次は読んでもらえない。二点目は、本人が気づかなかった価値を解き明かすこと。その上で、三点目として、課題として残ったこと、全体の問題としたいことを記す。

さらに言うなら、四点目として、「私」が書いているということが強調されるようにしたいと思っている。誰が書いても同じなら書く必要がない。実際にこの四点を網羅するのは難しいが、実現できれば、本人も他の教師にとっても、自分事として理解できることが多いように思う。この四点の指摘は、指導主事の指導助言にもそのまま当てはまることだと思う。私自身、指導主事として、あるいは外部講師として授業を見せてもらったとき、特に一点目と二点目を区別できるように意識していた。たいへん難しいのだが、うまくいけば三点目が心に引っかかる。次の実践への糧となるようなものにしたいと願っていた。

「何をどのように伝えるか」に校長のセンスがでる

　さまざまな教育活動の価値を見つけること、教育情報や他校の実践についても価値を認めて自校の実践につなげることは、そう簡単なことではない。私自身、書き始めて最初のころは、必要以上に気を遣ってしまい、言葉が上滑りしていたように思う。

　伝えるために、まずは自分自身で書きながら整理する。話し言葉より書き言葉の方が深い省察を促す。言葉を選ぶのである。後に残るものであるし、誰の目に触れるかわからないこともあるので、細心の注意を払う。長ければいいというものではなく、必要最小限にしたい。一回の分量はＡ４一枚、八百字から千字程度に収めると決めている。もしどうしても無理ならば、二号、三号と続き物にするが、いずれにしても一回で読んでもらうのは一枚である。それが伝わりやすい。

　何を伝えるか、どのように表現するかが、校長の資質・能力そのものである。学校はすべての時間、すべての場所で教育活動が行われている。教育情報についても、ニュースや雑誌などにあふれかえっている。そこから「どの場面を、どの程度の頻度で切り取るか」は、思案のしどころであり、そこに書き手の個性が出る。まさしく校長通信発行は校長の学びそのものだと実感する。

　校長と教師の関係は、学級担任と子どもの関係と同じであることを述べた。いろいろな出来事があって関係が築かれていく。そう考えると、すべて正攻法というのでは息が詰まるだろう。いろいろな分野から、情報シャワーのようにならない程度のペースで、最も効果的だと思う題材をスピード感をもって選択する。これが実に難しく、かつ面白いところだと思う。

通信を紹介することで伝えたいこと

第三章で、校長として、学校を学び合う場へとステップアップする具体的な方策を述べてきた。その方策に基づき、各教師が実践を積み重ねる。通信では改めて、授業実践や生徒活動を切り取って、そのなかに潜む理念や「工夫されている仕組み」を明らかにしたり、教育情報を紹介しながら「教育の理想」を語ったりする。現在進行中の目の前の事例を紹介することによって、授業実践や授業の見方、学習評価に関する考え方など、根本的なことの共通理解が可能になる。事実で語ることの意味は大きい。

また、「年間のリズムを創る」ことが重要であることを述べてきた。教師の生活のリズムに沿って、例えば、長期休業に入る前の内容や実践の記録化に挑戦するときの内容、授業研究に集中する時期だと伝えるために授業研究に集中した内容など、通信の発行によってリズムを創り出すことも試みた。

次章から具体的に私の発行してきた校長通信を紹介しよう。実際は、勤務校特有の事柄に関する発行を多数しているが、本稿では、読者のことを考え、一般的な学校で十分通用することにしぼって一部を引用するかたちで掲載している。なお、よく理解している者同士だからこそ、教師名や生徒名を実名で表記していたが、本書ではイニシャル表示とした。

解説

共感マネージメントの大切さ

秋田喜代美

学びの財として機能する校長通信

本章から具体的に描かれる牧田先生の校長通信の大きな価値は、毎日の教育活動を価値づけ、意味づけるために使われている点にあります。本章の最後の節で牧田先生自身が触れられているように、通信を書き続けることによって、単なる情報の伝達ではなく、読んでいる教師に伝えたいことが生まれ、より具体的な生徒や授業の姿を書いて伝える校長通信になっていったことがよくわかります。

保護者へ向けた学校便りはどの学校でも発行しています。しかし、校長が教師に向けて出しているところに牧田先生の校長通信の独自性があります。とかく忙しく、各種の委員会をはじめとした外部との折衝や地域との活動に目を向けがちな校長が、学校の内側に目を向け、そこで展開する活動を価値づけることは評価すべき大切な活動です。

この校長通信は牧田先生がひとりで始めたことではなく、渡邊先生の通信を見て書き始めました。実は私の知っているほかの福井市の数名の校長先生や教頭先生にも、牧田先生に刺激を受けて同じような通信を書き始めた先生方がいらっしゃいます。そしてそれを相互にメールなどで共有しあっています。だからここでも協働で学び合う校長・教頭の輪ができているのです。これはもう福井の教師文化と言ってもいい広がりをもっているのです。こうした広がりも含めて考えたとき、この校長通信がひとつの学びの財として機能していることがよくわかります。多忙な教師たちがいつでも手にとって読むことができる宝物になっているのです。

教師の活動と暗黙知を意味づけ、価値づける三つの技

繰り返しになりますが、牧田先生の通信の特徴は、教師たちの実践を具体的に取り上げ、価値づけることにあります。発行の初期には教育界の趨勢や社会情勢など大きな出来事も伝えていますが、しだいに牧田先生が実際に目にした教師たちの実践や生徒の姿を具体的に描くようになっていく。学校を学び合う場にするという大きな目標を念頭に、生徒ばかりか教師の学びも丁寧に見てゆくのです。何をどのように見るかに校長のセンスが出る、と牧田先生は書かれています。まさにその言葉そのものから、教師の目線に沿って学校や授業を見つめ、そのことで校長自身も学び、それを教師に伝えることでさらなる学びのサイクルが生まれている、そう私には思えます。

牧田先生は校長通信を教育の価値づけのフィードバック装置としています。先生方の日々の仕事は、それぞれの教室内で行われ、同僚であったとしても外からは見えにくいものです。また教師の知識は実践のなかに埋め込まれた暗黙知になっています。だからこそ、こんな意味があるのではないかと校長によって見える化されて文脈を与えられ、そこに一定の評価や展望が添えられることで、元気や勇気が与えられ、そこに教師の心意気というものが生まれるのではないでしょうか。

本質を見とり物語る能力は、先生方とリーダーが一緒に知を協創するための必須の資質でしょう。さらに牧田先生は話し言葉だけではなく、書き言葉にした方が良いと考え、自らの思うことを通信という形にしておられるわけです。野中郁二郎・西原文乃は、見えている知識だけではなく、暗黙知（もやもやしている知識、言葉になっていない知識）を理解するには三つの方法（わざ）があると言っています。[1]その一つ目は「見ることのアート（わざ）」、二つ目は「することのアート」、三つ目は「イメージ（思考）することのアート」です。これからの教師はこのわざを持つ存在であり、求められる存在なのです。そしてそのことを明らかにしていくのが管理職の知恵なのではないでしょうか。

子どもや集団の学び、教材や学習材、課題の特質や本質を教師がどのように見とっているのか、それに基づいて教師がどのように動きながら判断しているのか。細かな点を丁寧に観察しながら、そこから鍵となる事実を選んで仮説を創り、本質に迫ることでその先の展開をイメージする。そのためには、他人事ではなく、自分事として経験することが大切だ、と野中らは述べています。それがその後の野中の著作で「共感」として論じられていることです。牧田先生は学校の年間のリズムということを大事にしておられますが、教師の仕事の体感や学びのリズムに合わせていくことは、まさに同じ職場にいて教育課程を知り抜いている管理職だからこそできることなのです。広く普及しているノウハウ本やテキストなどの客観的で形式的な知の伝承ではなく、教育で大事な価値を自分の学校の目の前の教師や子どもの行為を価値づけながら暗黙知、実践知を伝承する。それが、牧田先生がここで述べている価値づけという行為と言えるでしょう。

知識創造ができる学校のリーダーとしての校長

校長通信でどの場面を切り取るか、どの程度の量や詳しさでどのように書いて伝えるかを考える、と牧田先生は述べておられます。これはまさに、目に見えないものを見せていく過程で、多忙な先生方のことを念頭に、どれぐらいの描写だったらわかりやすく伝わりやすいかを考え、教師との対話を自己内対話しているのでしょう。教師に伝わるためには、方策よりも理念や信念、と牧田先生が考えておられるとおり、さまざまな学校でいろいろな学習をしてきたどの教師にも伝わるためには、表面的な方策ではなく、その中核となる理念を選び取り具体的なエピソードのなかで伝えることだ、と言えるでしょう。

日本で革新的なイノベーションを行ってきた組織を検討した野中らは、知識を新たに生み出していくことこそが組織の知識イノベーションであるとして、そのための五つの要素を挙げています。

まず①組織的な知識創造のプロセスであり、それは②場で生じ、③知識創造リーダーシップの六つの能力がそのプロセスを推し進めることができる、としています。そしてそれに必要なのは、④現場リーダーの善い目的や思いを起点とした共創の場づくり（横の関係）と、⑤目的や思いを実現する集合的な実践力（縦の力）だとしています。そしてイノベーションを起こす組織の在り方として、下図を示しています。

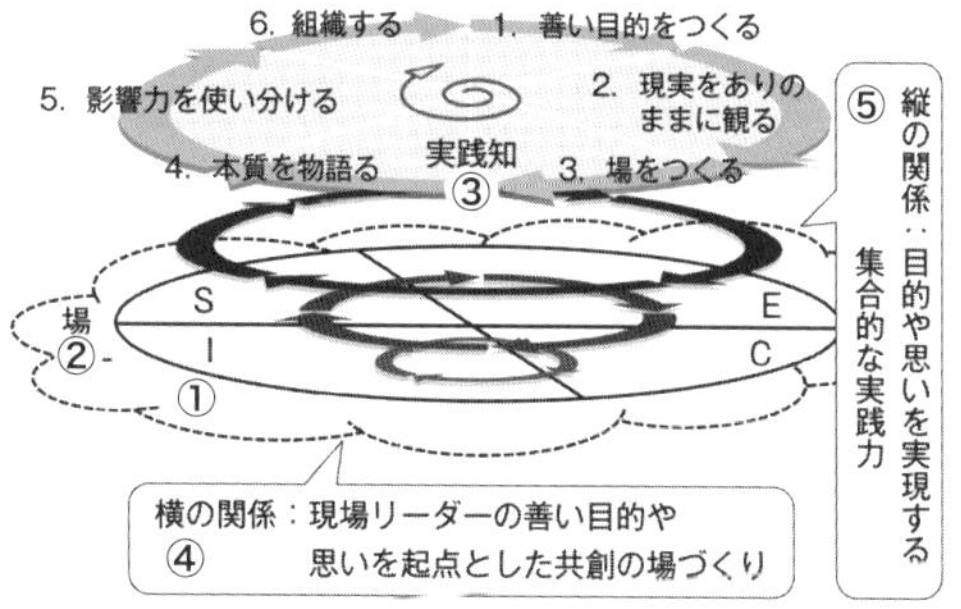

イノベーションを起こす組織（『イノベーションを起こす組織』より）

そしてこの図の④や⑤の協創の場づくりのための鍵が、共感にもとづく物語りなのです。すなわち、相手の文脈に入り込んで、相手に共感しながら物事をすすめることです。共感があるからこそ直感的に本質をとらえ、跳躍、飛躍ができるようになる、それが日本の一流のイノーベーテイブな企業文化の特徴であると野中らは指摘しています。校長のマネジメントに照らして言えば、教師と共に、生徒の、教師自身の、学校の、学びの物語りを共有し、共感を持って出来事を一緒に経験する、ということが要となります。

学校とはどうあるべきか、教師とはどうあるべきかと一般論を規範的に論じるのではなく、ひとつの教室で起きていること、ひとりの生徒の学びを具体的に捉え、校長も一緒に学び合う場の内側に立ち共感的に受け止める。面白かったり、心揺さぶられたこと、校長自身が学んだことを伝えながら、この学校が今後どうありたいと考えているのか、何を大事にしてゆきたいのかを述べるという牧田先生の校長通信のスタイルはまさに共感マネジメントの姿勢です。異動により学校を離れたあとも通信を読み続けたり、自分も通信を書き始める教師が現れるのも、牧田先生の共感が伝わっているからではないでしょうか。

「ラーニング・コンパス」というタイトル

OECD2030にはこれからの教育の姿として「地図を作るのではなく方向性を示す羅針盤としてあるべきだ」と書かれています。この言葉を引いてタイトルとした校長通信には、牧田先生の思いがよく読み取れるように感じられます。

けれども大きなスローガンやビジョンだけを掲げても充分ではありません。具体的にはどのような学びをこの学校が目指すのか、その価値づけを共有することが大切になってきます。

牧田先生は特に大事にしたいこととして、教師の年間のリズムを創ることを挙げています。時間と空間は密接に関係して場をつくり出します。だからこそ協創の場づくりには学びのリズムを考えることが大切になります。牧田先生は校長として一日を過ごしながら、教師が過ごしている一日の時間を意識し、この学校に必要なことを阿吽の呼吸で共有できるようにしようという意識を常に持っておられます。教師は、そういう校長が居るからこそ、力を発揮できるようになります。また新しい理屈や情報がどんどん入ってくるというだけでなく、そういう校長の通信ならば読んでみたい、と思うようになるのです。

これからの学校のコミュニケーション・システム

教育現場には動画を始め、これまで以上にさまざまな通信媒体が導入されてくることは間違いありません。フェイスブックなどのSNSも入ってくることでしょう。そうした環境で、保護者と生徒と教師同士、さらには他の学校や地域とどういうコミュニケーション・システムを作ってゆくのか。これからはそれが大きなテーマとなってきます。

話し合うコミュニケーションはもちろん重要ですが、従来の書き言葉のコミュニケーションにも改めて目を向けることが求められます。誰が、いつ、どのような媒体で、誰に宛てて、いかに書くか。写真や動画をどう発信するか。形式的で無駄なコミュニケーションは見直し、真に意味あるコミュニケーションを通じて毎日の教育活動を意味づけてゆくことが、これからの学校に求められています。

繰り返しになりますが、教師自身が気づいていない価値や課題を見つけることから知識創造のイノベーション、協創の場づくりが始まります。ただ教師や生徒の活動を賞賛するだけでなく、リスペクトし、日々の実践を意味づけている牧田先生の校長通信の意味はここにあります。賞賛や承認と、敬愛（リスペクト）は違います。リスペクトは職位階層関係ではなく対等な関係であり、管理職が教職員を、教職員が生徒をリスペクトし、かけがえのない存在と大切に思い合う関係が場づくりを支えます。心動かされたことから出てきた言葉や、感謝とねぎらいの言葉を贈ることから始まる信頼や情動の絆です。こうした思いのこもった通信は、校長から教師へのメッセージというだけでなく、対話のプレゼントのような意味を持っているのではないでしょうか。

注・参考文献

［1］野中郁二郎・西原文乃『イノベーションを起こす組織』日経BP社、二〇一七年

第五章 見て書いて伝える

校長通信実践篇1

本章と次章で、実際に私が書いた通信の抜粋をメインに、それらを発行するに至った背景について述べる。まず本章では、教師や子どもの生活、そして学校教育の中心である授業、さらに評価などについて紹介する。毎日途切れることなく行われていることなので、立ち止まって振り返る機会がなかなかなく、たびたび研究会を開催することも不可能である。校長通信は、手軽に読むだけで、同僚の実践とその価値を共有することにつながる。実践者の先輩からのメッセージという色合いが強い。

第一節　生徒と共に学校で教師生活を送る

学校は教師にとっても生活の場

就寝時間を除けば、教師は一日の大半を学校で過ごす。「生活指導」という言葉があるように子どもは学校が生活の場となっている。子どもと同伴しながら成長を支える教師も、同じように学校で生活をしている。これが教師という職業の独特なところだ。登校して、授業で学び、一緒に学級活動を行い、給食を食べ、清掃をし、部活動に励むといった一日の過ごし方もそうであるし、四月に入学式を迎え、新しい学級・学年が始まって仲間をつくり、授業やさまざまな行事を通して人間的なつながりを深めながら、夏季休業や冬季休業で少しリフレッシュする時間をつくり、三月に卒業式を迎える、という一年の流れも、学校独特のものであろう。

生活をするのだから、子どもが子ども同士の絆を育んでいくのと同様に、教師同士の仲間意識もモチベーションを上げていく（維持していく）ためには欠かせない。教育に対する構えや思いなどの共通理解はもちろん重要であるが、生活をするということは、それだけではない。本章の最初に紹介するのは、このような学校生活を、教職員が気持ちよく楽しみながら過ごそうというメッセージである。気持ちよく働いていない教師ばかりの学校で、子どもが気持ちよく学校生活を送れるわけがない。

長期休業の前や年度の区切りのときは、子どもの成長の姿や、その陰で支えた教職員の方々への感謝、私の感想ももちろん述べているのだが、教職員の生活に関することについて直接何回か書いている。

夏をどう過ごすか（Professional, No.9, 2016.7.19）

明日から夏季休業。といっても勤務はあるので学生時代や一昔前の学校とは違うが、やはり授業日ではないので気楽な感じではあると思う。行政職のときは忘れていた感覚である。さて職員の皆さんはこの夏をどう過ごすのだろう。M校長はいつも「教師は忙しすぎる。あんなに忙しかったらいい教育ができるわけがない」とおっしゃっている。少しゆとりのできるこの時期を楽しむ提案を二つしてみることにする（ちなみに無趣味の私は、休日など今日は何をしようと考えているうちに一日が終わってしまう。情けない）。

一つ目は旅に出ること。これ以上のことはないと思う。場所はどこでもかまわない。

こだわらないが、なるべくなら一人がいい。そして旅先で普段話をしない人と語る。（略）教育の世界に閉じることなく、社会に開かれた意識が求められる。と堅苦しいことは抜きにして、放浪の旅はいい。「書を捨てよ、街に出よう」（寺山修司）。

二つ目は本を読むこと。一行前のことはどうしたのだろう。舌の根の乾かぬうちとはまさにこのことである。普段忙しくてなかなか本を手に取ることが難しい人でも、この期間なら少しは余裕があるだろう。ジャンルは何でもいい。ちなみに教育一般の書のなかで私のベスト3を挙げるとしたら、「Pro.3」で紹介した『学びへの誘い』（佐伯胖・藤田英典・佐藤学編）、『「わかる」ということの意味』（佐伯胖）、『灯し続けることば』（大村はま）だろうか。秋田先生や齋藤喜博、『蛍雪時代』（矢口高雄）も捨てがたく、結局決めづらい。読書も旅の一つの形だろう。「ポケットに名言を」（寺山修司）。

その他、酒場放浪記をする、大掃除をする、コミックを大人買いする、駅前留学する、馬を買う、資格を取る、ゴルフを始める、M校長に絵や彫塑を習う……、結局好きなことを好きにするのが一番かな。

私が四月に赴任して、発行を始めたのが六月。最初はどうしても教育情報提供という堅い内容が多かったので、夏季休業を迎える前に、少しリラックスできるといいという思いで発行したものである。「教員は忙しすぎる。あんなに忙しかったらいい教育ができるわけがない」というのは当時の校長の言葉の引用だが、私の本音でもある。「結局好きなことを好きにするのが一番かな」と書いているものの、「旅」と「本」は私のなかで大きなウエートを占めているものなので、この二点についてはかなり本気で書いている。こうした生活や生き方にもかかわるような（あくまで私個人の）メッセージを伝えることができるのも、校長通信の良さである。

次はそれから二年後のゴールデンウィークに入る頃の通信であるが、やはり「本」を大きく取り上げた。

GWが始まります（Professional, No.104, 2018.4.27）

さて、世の中では明日からGWということになっている。教員はなかなか完全休養という訳にはいかないが、少し立ち止まって冷静に省みる機会にはなろう。（略）簡単なリセットの機会でもあるということである。逆に言うならばこの機会を過ぎると一年が流れていく。思い当たることがあれば相談してもらいたいと思う。

昨年度の修了式に私から児童・生徒たちに読書について話をした。新聞一面に渡って掲載された「県内三十三高校の先生が選ぶ高校入学前にぜひ読んでほしい推薦図書」の記事と、そこに添えられた「春、本と出会う季節」という宮下奈都さんの言葉を紹介した。高校教員の実名入で各五冊紹介している全面広告に、私は強烈なインパクトを受けた。添えられていた宮下奈都さんの言葉の一部を引用する。

「きっと、そこに、あなたのための物語が待っています。出会えたはずの誰かとすれ違ってしまっても、本はあなた自身と出会う扉です。今のあなたに、これからのあなたに、そしていつかのあなたに。これから出会う本が、どんなときもあなたにそっと寄り添って、支えてくれるに違いありません」

本校生徒の課題の一つに、読書量の少なさ（二極化）がある。この機会に、生徒たちにもう一度啓発してほしいと願う。そして、それ以上に期待するのは先生方の方である。是非じっくり本を手にとってもらいたい。教育専門書である必要は無い（もちろんそれはそれでいいが）。ちなみに私は推理小説フリークである。

【引用文献】福井新聞二〇一八年三月十四日号第四面

教師は他の業種と比較すると、本を読まない方の人種ではないだろうか。情報化社会の急激な発展により、誰でもいつでもほしい情報が手に入る。それはそれで素晴らしいことである。しかし、それでも書籍を手にとって、じっくり読み込んでほしい。誰よりも私自身がそうしたいという願望がある。線も引けるし、気になったところは何度も繰り返し読める。一冊のなかで著者の「熱」を感じ取ることができる。「愛読書」を探し当てられた人は幸せ者だ。それが必ずしも教育書でなくても、本を手に取るようになれば、そのうち教育書にも手を伸ばすようになるだろう。教師の生活を考えたら、普段はなかなか本を手に取る時間がないのも事実である。リフレッシュを兼ねてこのような機会に本に出会うことは、これからの教師人生を必ず豊かにするものと確信している。

管理職の自己開示

自分自身の指向（嗜好）を他人に知られるのは、場合によっては恥ずかしいことである。しかし共に生活する者、胸襟を開くことは礼儀であると思う。この通信の発行そのものが自己開示の意味を持っているが、いろいろな話題で少しずつ紹介している。

中学生と部活動（Professional, No.19, 2016.9.30）

部活動はいろいろな問題を孕みながらも、中学生にとっては大きなウエートを占めているのは事実である。同様に部活命の教員もかなりいるように思う。かく言う私も

「バドキチ（バドミントンキチガイ）」と呼ばれるほどであった。新採用時から「部活と授業は二本柱」と言われ続け（私も言い続け）、結果もある程度残してきた自負がある。「素人を全中へ」という本を書こうと真面目に考えたときもある。四十歳を越えた世代からつい最近大学を卒業した世代まで、たまに卒業生に声をかけられて飲みに行くことがあるが、確かにそんな彼らの中学生活の大半は部活動であったようだ。「あのときがあったから今がある」とその場にいる卒業生は言う。しかし、振り返るといろいろ複雑な思いがよぎる。

部活動指導は、中学校教師にとって手間暇をかけた分結果として表れる、ある意味生きがいである。かつて私もそうだった。しかし振り返ってみると手放しで喜べる思い出ばかりではない。十九号、二十号では現在の部活動の問題点と、打開するヒントを本校教師から頂いたことを書いているのだが、そのイントロとして、私自身の過去のことについて「複雑な思い」を抱いているということを紹介した。

教職生活に大きなウエートを占める学級経営については、学級担任の裁量が大きく、しかも思い切り個性を発揮できる場であることを伝えるため、私自身の経験でなく、かつて私が非常に感動した例を紹介した。

学級経営（Professional, No.58, 2017.5.29）

些細なことではあるが、学級経営上で私が特に心に残っている先輩の例（二件とも公立）を紹介する。一人目は昨年度終わりに紹介した帰りの会の運営についてである。「担任は最後の場面まで出ない、生徒からの連絡は、口だけ、一度だけ」を徹底し、忘れ物があっても、聞かなかった方に全責任があるとした。これで見事に人の話をしっかり聞く学級に変えた。担任が言わなくても動く学級に変えた。

二人目は「生活の記録」（毎日生徒が一日を振り返って記述する日記のようなもの）の指導。その先生の学級は、提出がほぼ一〇〇%であるだけでなく、生徒が紙を貼ってまで思いを伝えている様子に鳥肌が立った。ちなみに私の学級は、書くように強く言っても、意味のないことを一、二行仕方なく書くという現状。「白紙でも出す、生徒と担任の二人でその欄を創るつもり（生徒には言ってない）」というだけらしい。そのうちに生徒は、本当に書いて伝えたいと思ったことを書いてくるようになると言う。しかし本当の秘密はそんなところにはなかった。本音をストレートに伝えるその先生の書きっぷり、話しっぷり（この紙面ではうまく表現できないが）に生徒の心が動いたのである。

両者とも、私が二十代から三十代前半でご一緒させてもらった先輩である。自分の学級経営とは比べものにならないほど素晴らしく、大いに感銘を受けたので、鮮明に記憶している。歳月は経っているが、十分現在でも通用する重要な学級経営の方法の一つであると思う。この先輩方のことを取り上げて伝えたかったのは、先輩方や同僚のさまざまな指導を参考にしながら、しっかりとした信念を持ち、オリジナルの学級経営に挑戦して欲しいということである。

この他にも、私自身が経験してきた生徒会活動や、授業づくりの思い出を書いてきたが、私自身のことはむしろ失敗例の方が圧倒的に多い。単なる私の経験談を伝えるのでなく、何を取り上げるかで、校長がどんなことを期待しているか、間接的に知らせているつもりである。

第二節　授業研究を後押しする

学校教育の中心は授業である

「教師は授業で勝負する」と言われ続けているが、一つの授業が終わればすぐに次の授業が始まり、なかなかじっくりと授業づくりについて考えていられないのが実情である。理由抜きで取りあえず即効性がありそうな「○○方式」といった「ハウツーもの」がありがたがられる理由はそこにある。また、授業は特に何もアクションを起こさなくても教師一人で進めていけるが、学校行事や学年行事はそうはいかない。ねらいの共通理解や、役割分担など、複数の教師による打ち合わせが少なからず必要になり、何より優先される結果となって、残念ながら、授業が置き去りにされるケースがある。

学校には通常「研究部（名称は各学校それぞれ）」という、授業づくりなどの実践研究を推進していく部署がある。学校の研究主題なども、研究部が中心となって設定している。私は、管理職は、研究部を後押しするような立ち位置が望ましいと考えている。授業はやらされてやるようなものではない。そもそも、授業をやりたくて教師という職業に就いたのだ。

どの教師も魅力的な授業をしたいと願っている。マンネリにならないように、心のなかの授業欲求を呼び覚ましたい。そのため、少々過激だが、次のように自分の経験を紹介しながら、大村はま先生の言葉を引用させてもらった。私は大村先生の言葉にいつも大きな勇気をもらっている。

今の授業はいくらですか（Professional, No.29, 2016.11.29）

私が教員に採用されて四年目（二校目一年目）のこと。普通に授業を行ってきていたし、説明のわかりやすさには自信があった。いわゆる「点数」も残していた。そこで掛けられたのがこの言葉。確かに教師にはたくさんの仕事があるが、主に授業をして給料をもらっている。当たり前のことだが、そんなことは考えたこともない私にはショッキングな一言であった。（略）

授業に二度目三度目はない。その教室の子どもと教師と考え抜かれた教材といろいろな環境とが化学反応してできあがる、二度と再生されることのないダイナミックな営みであると私はいつでもどこででも言っている。大村はま先生の言葉には心に染みるものが多いが、次の言葉もその一つである。

「胸のときめきがない教材では、授業をしたくありませんでした」

私が行っていた授業は教科書に頼らない授業、自分で資料を豊富に用意した単元授業でした。

ですからたくさんの本を買って読んで、本以外の資料も探して、準備は大変でした。でも、せっかく用意したのだからと、その教材を使って何度も授業するということが、私にはできませんでした。

二度目になると、初めて教材を見つけて用意するうれしさがわいてきません。私自身がいそいそと教室に入れるのは、新しいものを持って行くときだけなんです。それを一度味わうと、そのときめきがないものを持って教室に行くことがいやになります。

それに、自分が前の授業でよく分かっている展開、こなしてしまった教材、それらをやるときには自分の心の中に小さな慢心が生まれます。謙虚さが減ります。そして自分だけにわかる程度かもしれませんが、一生懸命になる、その程度がちょっと違うのです。

子どもは新鮮さに感動します。私自身が、新しいものへの小さな不安と期待を持ちつつ、子どもに向けて、その教材を提供している、それが子どもを動かすのです。なのに、二度目だと、子どもと同格に胸がときめかない、それが、私はいやだったのです。

大村はま『灯し続ける言葉』小学館、二〇〇四年より

子どもや保護者が納得するような授業を提供することは、我々の最大の義務。こなしている授業には値段は付かない。私はあえて問いたい。「今の授業はいくらですか」

「アクティブ・ラーニング」にもの申す

平成二十六年十一月の中教審への諮問以来、「アクティブ・ラーニング（AL）」という言葉が蔓延し、AL崇拝者が続出した。グループワークやプレゼンテーションなどが導入される授業が増えてきた。しかし、我々教師が注目すべきは、体が動いているかどうかではなく、子どもの頭のなかがどうなっているかだろう。あえて「チョーク&トーク」という講義型の象徴のようになっている言葉を採り上げ、上記と同様、意識して刺激的な投げ込みとした。

チョーク&トーク（Professional, No.41, 2017.2.2）

さて、この大きな波の中、悪役にされたのが「チョーク&トーク」と呼ばれる旧来型の授業である。私の高大時代はそればかりだったと思う。私も、生徒が主体的・能動的に学ぶことに異論はなく、「チョーク&トーク」を、つい最近まで講演等で悪の根源のように語ってきた（もちろんすべて廃止すべきだとは言っていない。むしろ子どもにとって意味のある講義は必要だと言ってきた）。

しかし、少しだけ考えが変化してきた。グループワークなどの「学び合い」を生徒に求める教師には資格が必要なのではないかという思いである。それは、五十分間全て「チョーク&トーク」だけ（ワークシートもＩＣＴも何も無し！）で、生徒たちを飽きさせることなく、時間を忘れさせて教科特有の面白さにとことん引き込み、深い理解や高い技能の習得に導くことができる教師だけが、グループワークなどを取り入れる資格があるのではないかということである。「これを伝えたい、これをなんとかしてできるようにしてやりたい、だって、こんなに面白いしこんなにいいことがあるんだから。本当は私が全部言いたいけれど、（私のように）自分から実感できると喜びが大きいんだよなあ」という思いが前提として必要だと思う。

まずは授業者が教材に惚れ込むこと。ちょっと乗り気がしないときというのは、「こんな内容、意味あるのかなあ」と不安に思っているのだと思う。授業スタイルが問題なのではない。「この教材はどんな価値があるのか」という問いは、授業づくりの初めの一歩である。

これらは授業前のことだが、授業中はまた違った問いを持つ。これも「学習指導案を忘れる」という刺激的なフレーズを用いた。教育実習生は、学習指導案から離れられず、せっかくの豊かな子どもの発想を生かしきれないことがある。プロ教師と実習生との違いはここにある。

授業中は学習指導案を忘れる（Professional, No.136, 2018.11.29）

学習指導案を忘れるということは、関連が強い、大きな二つの授業者の問い（探究）に支えられている。まずは、「今、子どもはどんな学びをしているのか（あるいはしていないのか）」という問いである。「今、指導案どおりに進んでいるだろうか」「それていってるけど、どうやって指導案に戻そうか」はまだいい方で、「絶対に指導案どおりに進めるぞ」と指導案を教卓において進めるなら、教育実習生に逆戻りである。

（略）今どんな状態かをよく見据えて、本物の学びへ誘うのがプロの教師である。子どもの状況を盛り込んで修正し続けるから「計画」でなく「デザイン」なのである。よく「線路を辿る授業から、線路を共に創る授業へ」と言われる。授業中は、子どもが、授業者が知っていることを当てるのではなく、授業者が、子どもの頭や心のなかをゆったりと思い巡らすのである。

二点目は、「どうすれば全員参加できるだろうか」という問いである。構想どおりにはいかないのが授業である。基本になることは、授業者が、子どもの発言やふるまい等を教科の学びに関連づけて価値づけることだと考える。しかしこれは相当に難しい名人技である。（略）次に、すべてを授業者が引き受けないことである。子どもの差異を活用する。「知っていることを発表する」から「わからないから（隣の子に）質問する」への転換である。すると、「わからない」「できない」と思っている子どもが安心して授業に臨める。誰でも「わからない」を言える教室は、安心感があり、グループ間の交流も生まれるものである。授業者が逐一回答していったら、参加者はどんどん減っていくだろう。子どもと子ども、子どもと教材をつなげる役割というのはこのようなことだと思う。

これは、次の日に公開研究会を控えているというタイミングで発行したものである。この日まで先生方は徹底的に授業づくりに汗をかいてきた。その努力を踏まえ、明日は指導案を忘れ、子どもたちと一緒に授業を楽しんで創り上げていってほしいというメッセージであった。

どのように授業を見るかに教師の力量があらわれる

公開授業をして、授業者が参観者から助言をもらうのは非常に大切である。しかし、公開授業は、参観者にとっても絶好の力量形成の場である。そのために、どのように授業を見るかが大切になる。これは、教師の力量を左右するキーポイントである。授業を見ても、一般論や感想ばかりで、目の前の授業のことについて語れない教師が意外と多い。授業は「見る側」が学ばせてもらう場であるということに意識が転換すれば、学校が授業づくりを中心とした「学び合う場」へ転換していく。教師になって、いや教育実習のときからたくさん見てきている授業だが、この「授業を見ること」に、自己開示も含めて、三回連続でメスを入れた。少々長いがここで紹介したい。

授業を見ること1（Professional, No.65, 2017.6.22）

佐藤学先生が、授業参観について、石井順二先生に関する象徴的な逸話を紹介している。お二人が一緒に公開授業に参加したある学校では、午後の授業研究会までに音声記録を起こし、それを基に授業研究会を行っていた。ところがテープレコーダーのスイッチ入れ忘れにより作成が不可能となった。すると石井先生が「じゃあ僕が作るわ」と言って、佐藤先生の目の前で百三十二にのぼる発言をすべて再現した。研究会後、参観者の一人が録音していたテープと照合すると、ほとんど一字一句に至るまで一致していたということである。

ビデオもなしにほぼ事実どおりに再生できることもすごいが、あらかじめ再生することを前提として参観していないのにやってのけるというところがさらにすごい。なぜこのようなことが可能なのか。これを考えること自体が、授業を見ることの意味を考えることに通じると思う。

一言で言うと、子どものなかでどのような学びが起こっているのかを見ているということに尽きる。子どもの立場から、子どもと同時に学びを体験している。しかも、教室内の三十人それぞれになりきっている。さらにそれらを俯瞰し、それぞれの発言やつぶやき、表情、沈黙とその関係の意味を見出している。どんなことであれ、理由のない行動はない。理由を見出せなかったら再生はできない。囲碁や将棋と同じである。ちなみに同書で佐藤先生ご自身は、できるようになるまで毎年五百本以上の授業参観・検討の自己訓練が五年必要だったと記している。

このような目は何に生きるのか。一点目は、子どもの学びを捉えることで、子どもの視点で単元全体のカリキュラム構成ができるようになる。こうなると授業づくりの議論ができる。二点目は、自身の授業の際に、子どものさまざまな行動の意味を考えることができるようになり、即興的対応が可能になる（可能性がある）。言い換えれば、センスの良い対応ができるということである。いずれも、子どもにとって意味のある授業につながるということである。

【参考文献】佐藤学『教師花伝書』小学館、二〇〇九年

授業を見ること2（Professional, No.66, 2017.6.23）

いろいろな授業の見方はあっていいとは思うが、子ども抜きにはならないようにしたい。教師の発問や教材教具、板書、学習環境など、授業はさまざまな要因が複雑に絡み合ってできる産物であり、どれも議論の題材となることは間違いない。しかし、

子どもの学びの事実を根拠にしてほしい。それも、一般論でなく、目の前のこの子どものことを語ってほしい。だからこそ研究会では固有名がつきものなのである。（略）しかも、ある場面だけを切り取るのではなく、私は時間軸を大切にすべきだと考えている。授業の流れのなかで子どもも変化していくのであるから、つぶやきや発問、教材などの持つ意味が変化していく。その変化を読み取ることが、学びを見取ることではないだろうか。

（略）私がどのように授業を見ているか参考までに紹介したい（あくまで個人的なものであり、押しつけるつもりは毛頭ない）。

三色ボールペンが私の必需品である。黒で事実をひたすら書く。生徒のつぶやきと発言を時刻も入れながら追う。場合によってはノートに書いていることも書く。気になった表情や時間の滞りなどもなるべく書く。授業者の発言も指導案にないものは書く。次に（黒と同時の場合も多い）青で、子どもの行動や発言のつながり（矢印を入れながら）、子どもの思考に関する私なりの憶測（意味づけ）を書く。これがどれだけ書けるかが問題だと思っている。最後に（時には途中でも）赤で、授業のポイントとなるところを確定し、私自身の思いや疑問を書く。鹿毛先生（慶應義塾大学教授）は「事実と解釈」とおっしゃるが、黒で事実、青と赤で解釈を書いていることになる。秋田先生は、「○○のとき、何考えていたの？」と、私で言う赤の部分をいきなり突いてくるので、いつも驚かされる。同時に三色（赤は熟考の上授業後になることも多い）使用するが、時には黒しか使用できないことがある。そのときは残念ながら参観記録が書けない。力不足を感じる。一時間真剣に見るとフラフラになるが、大抵三～五枚程度のレポート用紙と心地よさが残る。

授業を見ること3（Professional, No.67, 2017.6.27）

かなりの数の授業を見て、割と授業を見ることができるようになったと思っていた頃（十一年前）の公立学校での校内授業研究会。忘れられないショッキングな出来事があった。数学の授業で、課題意識を持たせた後、班学習に入る。私はいつものように目の前の一つの班に当たりをつけて観察していた。しかし、この四人が全く話をしない。目を合わそうともしない。授業者が回ってきたときに少し反応するが、行ってしまえばまた同じ。さすがにどうしようもないと思い、私を含め数名の教師は他の班に乗り換えた。しかし、その班を最後まで見ていた教師がいた。それがO教諭で私の盟友である。彼はなんと、私が見ていたときからのことも報告した。彼によれば、一人がノートに解法を書き出したところ、横と前の二名がそれをちらりと見て参考にし、ノートに同じように書き出したという。しかしそれが元のノートの解法とは違う方向へ向かい、最初に書いた生徒はそれをちらりと見て自分のノートを修正していった。それを見てまた別の生徒が消しゴムを使う、ということが起こったらしい。全く無言で覗く風も見せていなかったのだが、グループ学習が見事に成立していた、グループの力学が感じられたと述べた。同じ事実を見ていても、私の方は眺めていただけだったのである。（略）

一人や一グループだけで大丈夫なのかという向きもあろう。しかし、一人の学びも理解できずに四十人の学びを理解できるはずがない。そこを足場として教室全体を語る。福井大学木村優先生はビデオも使用して、子どもの表情や、気持ちがわかる仕草、声色、そして大変難しいが「やらなかったこと」まで記録に著しているのを見たことがある。福井大学岸野麻衣先生も事実と解釈を明確に分けて記録しており、少し前に見せてもらった「これを書きながら、もやもやがすっきりしていっています」という授業者に宛てた参観記録のなかの一文が心に残っている。書くということは、両者にとって授業を整理していくことなのである。秋田先生はメモを取る手元を見ていないことが多い。子どもを見ながら手が動いている。一瞬も見逃さない。

事実は同じでも解釈はさまざまである。授業研究は研究者のためのものではない。授業力を上げるため、授業をどんどん見て解釈をどんどん披露し議論したい。見えるようになると、次は自分の授業について書けるようになる。

子どもの学びの事実を見ること、そしてその事実を参観者が解釈すること、そしてそれらをオープンにして皆で協議することが授業研究の醍醐味であろう。子どものこと、学校の状況を共有しているからこそ学び合える。そんな場で教師は育つ。しかし、このような参観はなかなかできるものではないのも事実である。私もその意味で途上であり、「今日はこの子の学びが見えた！」というような参観をしたいといつも願っている。

第三節　授業の価値を捉える

私自身がその授業をどのように見たのかを伝える

最初は、通信を最新の教育情報や毎日の教育活動の意味を解説し、伝達・共有するツールとしていた。しかし、だんだん授業づくりに関する記述が増えてくる。学校は学びの場、そしてその中心が授業であるから当然である。そして、発行から五ヶ月後の第二十七号で、はじめて数学の参観記録を掲載した。折しも勤務校を訪れていたアフリカからの視察に同行した者という立場での記録である。

一題ずつ問題が書かれたワークシートをその都度配り、教室全体で解決しながらステップ・バイ・ステップで知らないうちに理解を進めていくという授業であった。よくありがちな授業ではあるが、後の懇談会ではアフリカの方々から、学力をつけていくためによい方法だと称賛された。しかし、私は少し違う見方をした。

JICA教育視察in福井大学（Professional, No.27, 2016.11.21）

授業後に行われた懇談では、全部一度に配らずに一問ずつ集中させることや、レベルの上げ方が絶妙だということが賞賛された。何よりも生徒全員が集中を切らすことなく前向きに参加していることに胸を打たれたと言われた。

私が良いと思ったのは、ワークシートを丁寧にノートに貼っていくことである。本校の授業は独自教材が多いためにワークシートの使用が多く、生徒たちはうまく整理ができずに復習がやりきれていないという課題がある。実際生徒たちもそう言っていた。この授業では、各自で復習できるような配慮がされていた。ぜひ先生方もこのような視点を持ってほしい。

しかし、この授業の中盤で事件が起きた。「1冊a円のノート2冊と1本b円の鉛筆3本で、500円出したらおつりがあった」という課題で、不等式に表せば終わりだったのだが、ある生徒が「おつりがx円だとしたら、500-(2a+3b)>x（誤り）」と発言した。それに別の生徒が「それなら2a+3b+x=500」さらに別の生徒が「2a+3b=500+x（誤り）もある」と続く。私はここが授業の最重要場面だと確信し、眠気に襲われていた頭も一気に覚醒した。これを追究すれば本時は十分。しかも生徒の方から提示してくれたのである。なんて素晴らしい（この発言を引き出す授業者も素晴らしい）！

しかし残念ながら「いろいろあるねー」「新しい文字は使わないでー」とだけコメントし、次の小さい紙を配ったのであった。後で聞いたら、採り上げようか迷ったが、準備していたシートがまだまだあり、確実に安心して進める方を選んだということだ。誰もが思い当たる「指導案の呪縛」を目の当たりにしたのであった。

授業のいいところは認めながらも、それで終わってはいけないと直感して前述のような記録を載せたのである。この号を皮切りに、外部に公開した授業だけでなく普段の授業、他校の授業も、「私がどう見たか」という参観記録を通信に載せていった。授業参観記録は、第三章第四節で触れたように、学校全体で授業研究を進めている時期を中心に発行していった。

第四章で述べたように授業参観記録は一授業で一枚を原則としている。すべての発言を採り上げるのは不可能だし、単なる再生では意味もない。限られた文字数のなかで何に私が反応したのかを赤裸々に伝えたい。次に紹介するのは、授業者が意図的に仕掛ける探究的な国語の授業である。教師が準備した唯一の答えを生徒が当てるのではなく、皆で読みを深めながら主題を解明していく授業である。こんな授業に出会えたことを幸せに思う。

国語科　教育課程研究会（Professional, No.62, 2017.6.8）

S先生による「月の起源を探る」を題材とした9Cの授業。主題は「筆者の論の展開について探ろう」。

まずは論の展開で共感したところについての議論。八班では、授業最初に発表されている「疑問点が出され、それに答えていくことでよくわかる（N君）」の意見を皮切りに、「区切りがたくさんで展開がわかりやすい（Tさん）」「想像しにくいところには図を用いている（O君）」と出される。「そもそも小見出しってよくない？（O君）」はスルーされ、「事実だけでなくて間に作者の考えがある（Fさん）」には、そうとも言えないという反論が出たところで時間切れ。全体での共有では「古典的なものと新しいものの比較で違いが明確」という意見に、「否定した後で新設を述べることで引き立つ」「古典的な三つの説の矛盾を挙げている」等がつながる。（略）

ここでまさかの授業者のどんでん返し。今度は共感できなかったことはどこだという。最初は戸惑っていた八班も、「〜だろうかと言われてもわからん」「番号を振れ」（言葉も荒くなる）から、徐々に「ちゃんと調べてから結論づけろ」「終わり方が中途半端」「課題の提示の仕方が強引」と論の構成の話になっている（八班では少し前に、自分たちの班の議論が論の構成のことになっていないのではないかと疑心暗鬼になっていたので特に興味深く見た)。何でもありかというとそうではなく「巨大衝突説が多くない?」という意見に「そのための文だから」と却下している。全体での共有で、素朴な読者の疑問に答えていない、結論までが長い、結論が弱い、実験のことを書いた意味がない、最初はいらないなど、まさに筆者の主張を考えた構成の話になっている。

ここまで、授業者は淡々と生徒の発言の意味づけをしながら進めており、主題に近づいたと思ったそのとき(終了二分前)、またまた授業者によるどんでん返し。「なぜ筆者はこのような共感できないようなことを書いたのか?」この一言で教室が凍った。「一体どういうこと?」という心の声が聞こえてくる。次の授業への期待のなかで六限目が終わったのである。

まず、生徒の意見を一つもつぶさず、反復でもなく、すべてに価値を見出す授業者の立ち位置が素晴らしく、これが次の発言を生んでいた。そして何より、地層がどんどん積もっていくような学習でなく、地震を起こして地層を作り直していく授業構成。読むたびに読み手の視点が繰り上がっていく、どこまでも終わることはない、まさに「探究とは何かを探究する授業」であった。

教師の力量を賞味する

授業を見ていない人にも授業内容を伝えたかったので事実記述が多いが、事実を取捨選択しながら、私自身の解釈を入れ込んでいるつもりである。ビデオも使わずに実際にどのように記録したのかを伝えること自体も必要だと感じてのことである。これは第二節のなかの「授業を見ること」の紹介につながっている。

たくさんの授業を見るなかで、次のように、小学一年生の総合的な学習の時間を三時間連続で見る機会に恵まれた。三時間とも一つのグループを追った。まさに「遊ぶように学ぶ」探究を進めていく彼らを頼もしく感じ、なるべく個々の学び方の特徴と協働の様相を伝えようと試みた。同時に、そのような学びに導いた教師の仕掛けと力量について、私なりに解説を試みた。

第一学年社会創生プロジェクト科公開授業（Professional, No.146, 2019.1.30）

一月二十三日から三日間に渡る、一年生の「あたらしい一年生に学校のたのしさをつたえよう」というテーマの公開授業及び前期課程後期課程合同の授業研究会が行われた。（略）

「ねらえ！　たねダーッ！」の四班、そのなかでも「たねダーッ」製作の四名に注目。主導していくのはR君。ふくろロケットを土台にすることをいち早く決め、「書いたら変になった」と言いながらも設計図のようなものを描く。突っ走るR君をNさんが「ふくろロケットここ（教科書）に書いてあるよ」「たねをここ（先端）につけないと」「こんな種（つくばね）が飛ぶでしょう（絵を描きながら）」と、種とロケットをつなぐ意見を言いながらサポートする。R君は話を聞きながらも「とんがっていないとだめだ」とどんどん進めるが、Y君は静かに種に戻る。Nさんの種の絵を見て、実際はどんな植物かを図鑑の索引からじっと調べるのである。しかし実際のダーッには種はつかない。「折り紙をまるめて」と言うNさんに、Y君は「どうやって分厚くするの？画用紙で？」と問いかけていたが、次の時間Nさんが「たねを持ってきたよー」と言ってガムテープを持ってきた（！）。その頃には、R君は羽根の形にこだわって、Y君が慎重に教科書に立ち返るのを尻目に次々作って飛ばしていたが、種がおもりの話にとって代わり、軽い方、重い方どちらがいいか試行を繰り返す。先行するR君をNさんが支え、Y君が慎重に追随していく。次の時間、R君は他の子の遅れている作業を手伝いながら転々とし、「羽根は大きいほどいいな」と言うY君に「そんなら地球の大きさでも飛ぶの？」と小さい声で突っ込みを入れながら、また嬉々として手伝いの旅に出るのである。

何が彼らをこれほどまで熱中させたのか。まずはグループ編成の見事さ。八人が四人×2に緩やかに編成され、個でも四人でも八人でも活動できる大らかさがあった。次はオリジナル性。班独自の発想を保証する。そしてイベント成功という目標の明確化。新一年生にというより、だんだん自分たちのためになっていったように見えたが、私は十分だと思った。行事の成功を目標としながらも、真の目的は協働探究していく作法を一年生なりのレベルで学ぶことにある（あえて極論を言うなら、失敗も学びだということ）。私の目の前の子どもたちは、役割を担いながら相互作用のなかで見事に学び方を学んでいた。授業者の寄り添い方も見事。四班すべての状況を把握し、活動を促進している。プロ棋士が複数名と同時に対局するようなものである。グループ活動ではそれぞれを把握しづらいと嘆く方がいるが、弟子になるとよい。

このような探究的な授業では、「一時間でこれだけの力がつきました」と特定できるものではない。探究はどこまでも続き、その過程を教師も子どもも楽しむのである。そしてこのような活動を通して「腑に落ちる」ことが生まれるのだと思う。

次も三時間連続で見せてもらった記録の一部である。

七年生数学空間図形の授業参観（Professional, No.149, 2019.2.26）

空間図形の学習で、竹籤《たけひご》や粘土で模型を作成しており、そのときの気づきを元に授業を組み立てている。当然教科書の順番どおり授業が進むことはあり得ない。

先週見せてもらった授業では、おそらく正三角柱のつもりで作成した模型についての議論が起こっていた。側面がどうもねじれているというのである。というのも、真上から撮った写真は、正三角形の二面がやや回転しているように見える。この話題から、この時間は空間図形をどのように見ると特徴をつかめるのか、という話題に持ち込み、正面や真上から見ることが必要だというところで話を切り、ねじれの問題については次時に持ち越すことになった。この授業の後、参観された北海道大学准教授の篠原先生たち三名に私から投影図や平面の決定条件の内容になっていることを説明した。三名とも教材研究の深さに感銘され、なお次時に持ち越したことを賞賛されていた。次時は「ねじれ」という言葉から、三点で一平面が決まり、四点の場合は三点で決まる平面に残りの一点が乗っていないとゆがんでしまうという話を確かめ、二直線がねじれの位置にあるということはどういうことかを自分たちの言葉で語りながらじっくり探究していった。途中、三点に目をつければ平面が決まるのでやっぱり平面だと発言した生徒の視点をほめて、うまく授業に生かした。よく生徒の声を聴いてい

る。（略）

最近読んだ「日日是好日」というエッセイのなかに、私が常々思っていることが書かれており、これらの授業に当てはまるので紹介する。

本当に知るには、時間がかかる。けれど、「あっ、そうか！」とわかった瞬間、それは、私の血や肉になった。もし、初めから先生が全部説明してくれたら、私は、長いプロセスの末に、ある日、自分の答えを手にすることはなかった。（略）「もし私だったら、心の気づきの楽しさを、生徒に全て教える」……それは、自分が満足するために、相手の発見の歓びを奪うことだった。

【引用文献】森下典子『日日是好日』新潮文庫、二〇〇八年

長い探究の道行きのはじめの一歩は一授業である。逆に言うなら、一授業の積み重ねによってのみ、深い探究が導かれる。長期的な展望のもとに、校長自身が一授業を大切に扱いたい。

第四節　学習評価の理念を示す

誤解が多い「学習評価」

学習指導のイメージは、教師たちのなかである程度の共通理解はできていると思う。ある授業を参観して「これはいい授業だ」という感想にそれほど大きな違いはないはずである。しかし学習評価に関しては怪しいと感じている。というのも、中高では高校・大学入試が目の前にあることが大きく影響し、結局はペーパーテストの点数による輪切りを学習評価そのものだと考えている現状が少なからずあるからである。学習することの目的につながる学習評価の理念を指し示すことは、学校を学びの場にするために不可欠である。

学習評価（Professional, No.14, 2016.9.12）

いろいろな教育改革が行われてきているが、私が最も進んでいないと感じるのが評価値観の転換である。全国学力・学習状況調査や大学入試など、単なる知識の量や技能の速さ・正確さだけを測るのではない試みは徐々に進められているものの、本質的な改善にはなっていないことも意識改革が進まない原因の一端となっていると思う。

評価には、確かに学業成果について判定（評定）するという意味合いも含まれる。しかしそれは一面であり評価の本質ではない。私は「価値を吟味すること」「価値づけること」と考えており、特に教師が行う学習評価には欠かせない視点であると思う。「私は、あなたを（あなたのこの行為を、この作品を）評価する」と言ったら、価値があると認めていることに他ならない。学習者は、このような評価があるから頑張れるのであり、逆に言うと教師は評価をすることによって学習者の次へのモチベーションを高めなくては意味がない。

学習評価は「目標に準拠した評価」が基本であるが、もちろんそればかりではない。個人としてどれだけ成長したかという「個人内評価」の重要度が増していくであろう。前述の評価の根本に戻れば明らかである。また、結果だけでなくプロセスの価値を認めるために、さまざまな方法がとられているのは周知のとおりである。決してテストの点数ばかりではない。

評価は、評価者（教師）が被評価者（生徒）を値踏みしてランクづけすることではない。学習成果物や学習プロセスそのものにどのような価値があるかを捉えて、子どもにフィードバックすることによって、子ども自身がどのような学びをしているのかを自覚し、次の学習に意欲的に向かうことができるようにすることである。そのような評価でこそ自信につながり、「自己肯定感」が高まる。

当然のことながら、指導があってはじめて評価がある。通信では三点を確認している。

学びの価値を捉える（Professional, No.44, 2017.2.16）

一点目は「教科の目的」にどれだけ迫っているかを評価してほしいということ。教科の授業なのに「学級会」のいいところ探しのようにならないように。

二点目はあらかじめ「指導」があるべきだということ。基本中の基本。種もまかずして評価のしようもない。そもそも「目標に準拠した評価」へ移行したねらいは、例えば観点別評価ならば全員B以上になるような指導をお願いしたい、ということにあった。

三点目は上記と逆説的になるが、臨機応変な評価を目指してほしいということ。しかしそれには「瞬時に価値を見極める眼」を持つことが求められる。単なる経験だけで片付けられる問題ではない。ここに教師の教科の専門性が問われるのである。

評価づくりという学び

ではペーパーテストが不要かと言えばそうは思わない。知識や技能だけでなく、考え方を見る評価問題もどんどん工夫されている。そこで大切なことは、指導と一体になっているということだと思う。授業での学習内容を再生するという意味ではない、教科の本質に沿っており、しっかり学んでいれば解けることが保証されているという意味である。

第三章第二節に関わることだが、前任校でも、現在校でも問題の質の向上を目的として、「本校で求める力を測る問題」を定期テストのなかに一問以上取り入れ、出題の意図を私に説明するという仕組みを取り入れた。問題づくりへの挑戦である。そのなかで、いくつかの問題について通信で何回か紹介してきた。

平成三十年度前期中間考査問題より（Professional, No.113, 2018.6.22）

S教諭の九年生の国語科問題。教科書の「握手」の一部分を条件に従って脚本として完成させる。会話は既に印刷されており、原文から「ト書き」を創作するのである。原文の心理描写を表情や動きとして表す。いかにも学級演劇を控えた九年生向けの問題である。表情や動きから心理をつかむことはよくありそうだが、逆はあまりないのではないだろうか。場面に入り込み、心理を、多角的に深く考えることにつながるのであろう。共に、単なる「読み取り」ではなく、複数の条件を設定し、かつ自分の言葉で書くことで、より深い学びへと誘っている。

平成三十年度前期期末考査問題より（Professional, No.123, 2018.10.2）

M教諭の八年生社会科の問題。資料として挙げられている、踏み絵、オランダ風説書、出島の写真、江戸幕府鎖国までの簡単な年表のすべてを用いて、一六五〇年頃の江戸時代に日本を訪れたオランダ商人になったつもりで、本国への「日本に関する報告書」を作成する問題。複数の資料をすべて用いての報告書作成というだけでなく、「オランダ商人になったつもりで」というところにオリジナル性がある。確かに、同じ史実であっても、立場が変われば価値や捉え方は全く違ったものになる。多角的な見方を授業中に意識して取り扱っている証拠であると思う。

私が良問と呼んでいたのは、求める力が明確で、決して難問ではなく、解くこと自体が楽しくなるような、知的好奇心を刺激されるような問題であった。したがって、たった一問の作成とは言え、決して簡単なものではなかったはずである。さらに「本校で培いたい力を測る」ための教科を越えた学びにつながっていると実感できる問題だった。教科が違えども参考になる部分は多い。

問題づくりは、授業の課題づくりと本質的に同じだと思う。奥深くて面白そうな題材や設定を探り当てる「嗅覚」が必要であり、専門性が求められる。テスト問題を見れば、逆にどんな授業をしているかが推し量れるというものである。

このような出題をしていたら、今度はテスト返しの時間が重要になる。まさか正解を懇切丁寧に説明して採点基準や平均点を紹介して……、なんていう時間にはならないだろう。教師が吟味して作成し、生徒が真剣に解答したテスト問題は、探究的な授業の宝庫だと言えよう。

第五節　生徒活動の価値を共有する

生徒活動が学校文化を創る

どの学校にも固有の学校文化があり、それは学校行事や生徒会行事をはじめとする生徒活動が形作っている。伝統的な活動も多い。もちろん生徒活動を仕掛けるのは教師の役割であるが、教師集団は異動によってメンバーが入れ替わる。長年続いていると、行事などを成功させることそのものが目的となってしまいかねない。

生徒会行事などでは、最後に管理職からの講評の時間が設けられる場合が多いが、生徒活動の価値づけをすることは、教師に対しても、指導・支援を後押しすることにつながるだろう。言動を見る限りでは、どれだけ気持ちが入っているのか疑わしい場面も多々あるのは事実である。しかし、生徒は基本的に学びたがっているし、協働して何かやりたいと思っている。自分たちにやってきたことに少なからず誇りを感じている。「自治活動」を支援するということは、事実とその意味をしっかりと受け止めることから始まると思う。

平成三十年度前期生徒総会（Professional, No.105, 2018.5.7）

講評の最後に少し触れたが、参加しているすべての者の心が揺れた生徒総会だったのではないだろうか。何のための生徒総会か、委員会とは何をすべきなのか、今承認をとることにどんな意味があるのか、問い直さずにはいられなかった。その裏には、誰のどんな意見にも耳を傾けよう、我々はいつもそうやってきた、という強い「意志」が感じられた。これこそが本校の力、これまでの学びの蓄積であろう。

少々議論が滞ったルールや挨拶のことに対して、「ルールは団体生活をしていく上で必要なもの」「他人に迷惑をかけないというのはもちろんだが、それだけではない」という発言は生活委員長として精一杯のものであっただろう。また、子どもの言葉とは到底思えない、「何のために勉強しているかわからなかったら面白くない」「豆知識は頭に残らない。断片でなく、情報をもとにして、何かを考えられるような社会科情報誌を目指したい」といったH君の発言は、大人でも語ることができないほどの内容ではなかっただろうか。「知識」の本質をついていると思う。「言葉を大切に使ってほしい」という発言で、各委員会の活動方針案と予算案を別々に承認することに変更されたやりとりも私を十分唸らせるものであった。そして、最後のS君の「リーダー研修会というのではなく、リーダー会をやって欲しい。同じような活動が複数の委員会で別の時期に行われようとしている」という発言は、執行部の「各組織の壁をなくす」という方針とも絡み、かつ義務教育学校として本校が目指している方針とも合致するもので、あまりにも明確な指摘で、恐れ入った。（略）この生徒総会を格調高く、意味あるものにしたのは二人の議長の存在であった。「最後まで静かに参加してくれて感謝したい」「会が延びて放課後の大切な活動に支障が出たことを申し訳なく思う」という言葉には涙が出そうになった。（略）「慎み深さ」ということで、久しぶりにルイ・アラゴンの「教えるとは希望を語ること、学ぶとは誠実を胸に刻むこと」という言葉を思い出した。

平成三十年度後期全校研修会（Professional, No.150, 2019.3.8）

さて、生徒たちの声に耳を傾けると、学年プロジェクト（「総合的な学習の時間」を中心にした、前任校が大切にしている、学年全体で一つのテーマを三年間にわたり追究する学習）に対する不満で大炎上している。大きく二点が浮き彫りになっていた。一点目は実行委員に関すること。運営のことと言ってもよい。委員経験者からは「なかなか意見を言ってくれない」「遊んでいる生徒がいる」という感じ。一方多数の生徒からは「一部の実行委員だけで好きなようにやっている」「意見を採り上げてくれない」「伝統って言えばいいっていうもんじゃない」、なかには「結局は先生の意見どおりになってしまう」等々。運営について、それぞれの立場で、皆かなり悶々としている。

もう一点はテーマに関すること。「そもそも百名を越える人数でテーマを一つに絞ることが無理」「まとまらなくて当たり前」「広すぎて考えられない」「テーマが難しすぎる」「難しくてコピペになっている」等々。そのとおり。かなり無理なことをやっているのである。これらの不満が吐き出されて、「面白くない」「意味がない」となる。当然の成り行きである。

この状況を先生方はどのように見るだろうか。「これだけ力を入れてきたのに、なぜ？」と肩を落とすだろうか。私はまず、「難しい、つまらない」とはっきり言える（しかも先輩に向かって）ことに価値を感じる。この雰囲気が自治の源である。もちろん、社会でも大切な力であることは疑う余地がない。さらに、あれだけたっぷりと時間をとると、そのうちに糸口が見えてくる（もちろんすべてのグループではない）。「『学うた』（自分たちの学年をどのようにしたいかという思いや、プロジェクト学習に対する思いなどを作詞作曲した学年の歌）がなかったらどうやって表現すればいいのかな」「あれだけのことを創るんだから時間がかかって当たり前。だからどこかで手も抜くよね」「テーマって、いろいろ選択肢はあるけれど、何か共有点があるような気がするんだよな」「探究は過程なんだよ」「どんな力がついたかな」「これだけ好きなこと言ってるなかから一つに絞っていくことって、本気で意見をすり合わせる力が必要だな」「他学年のことを知りたい、関わりたい」等々。その証拠に、なかなか話が切れないではないか。長い道行きのプロジェクトだから、いろいろな期間があって、いろいろな生徒がいて当たり前。全員が全時間、前向きに参加するなんて、大人でも気持ち悪い。意義を説明しようとする九年生が言葉に詰まる場面もあった。そう。簡単には説明できない。学びは楽しさだけでなく苦しさも伴うもの。これがプロジェクト型学習なのだと改めて感じさせてもらった。探究は二サイクル目以降が本物。できることなら会長も述べたように、二度目、三度目と人や場所やテーマを変えて続けられるとよいと思う。

学校の伝統を読み解く

体育祭や文化祭、修学旅行はどの学校においても学校行事を代表する一大イベントであり、中高生であれば生徒自治が強く表れる象徴的な活動である。私も口頭で、文面で、さまざまな機会に何度も解説してきた。前任校に脈々と受け継がれていた音楽文化を紹介しよう。入学式から、音楽集会、福井市全体の中学校行事である連合音楽会、文化祭、卒業式が生徒会の音楽委員会を中心に企画・運営されており、あらゆる場面で音楽があふれ、大切にされている。そしてそれを支えているのは、当然のことながら、見識ある教師である。第三章第五節で触れたような「自校の教師から学ぶこと」そのものである。

平成三十年度前期音楽集会（Professional, No.110, 2018.6.8）

「歌で始まり歌で終わる」という本校。前期音楽委員会活動方針「Thank you for the music」のもと、本校の伝統である音楽集会が、五年生から九年生まで一堂に集い、昨日開催された。

音楽副委員長Tさんによる「音と音楽の違いについて授業のなかで探究してきた成果をそれぞれが表現し、発表し、共有する場。感動や達成感を味わうべく耳を澄まして音楽を楽しみましょう」という内容の挨拶で始まった。（略）Y先生が今年の連合音楽会に恒例の「Gloria」の他に勝負曲（？）として選んだのは「越天楽」と「越天楽今様」。本校の看板を背負う九年生の演奏は、どことなく不安な思いを感じさせつつ、何とも微妙な空気のまま終了した（そう感じたのは私だけかもしれないが）。

集会終了後、K委員長とT副委員長が、「今回はバタバタで、よく最後まで進行できたという感じ。反省点が多すぎる。今回の経験を次の文化祭では必ず生かします」

と語ってくれた。実はこの言葉を引き出すのが音楽科の仕掛けだったのである。（略）

それら音楽活動の集大成となる九年生の発表はどうあるべきか、通称「ひな壇」（他学年に向かって階段状に並んだ隊形）の上で皆何かを感じたはずである。それが最大の収穫であったし、感じさせる仕掛けがあったということである。

常に「プロセス」、常に「発展途上」。私は、「（子どもは）未完の姿で完結している」という、長野県の伊那小学校が大切にしている言葉が大好きなのだが、これに通じるものを感じた。これから一年間、探究と練習（習得）、発表と共有、失敗と成功を繰り返しながら、保護者も巻き込んで、卒業式まで走り続ける。すごいカリキュラムである。前日には卒業した前委員長が激励に来校したという。まさしく「音楽文化」と呼ぶにふさわしい。

愛校心（Professional, No.111, 2018.6.18）

前号で本校の音楽文化について触れた。私が最初に本校に赴任した平成八年にもすでに生徒たちの間に息づいていた。当時中学三年生が歌う、文化祭の「Gloria」と卒業式の「Hallelujah」は圧巻で、心が震えたのを昨日のことのように覚えている。生徒の間で大切に受け継がれてきているのであるが、最大の功績者は代々の音楽科教員であることは疑う余地もない。この二曲の発案はK教諭。それからY教諭、S教諭と受け継がれ、現在のY教諭に至る。どの教師も伝説の人である。Y教諭にかかる重圧のほどは想像に難くない。（略）これらの発表には、音楽教師としてのプライドもあるだろうが、何にも増して強い愛校心を感じるのは私だけではないだろう。「（本校の）あなたたちならまだまだやれる」「（本校の）あなたたちしかできない」「（本校の）みんなで何物にも代えがたい達成感を味わおう」という、触ると火傷するような「（本校への）熱意」の伝搬である。私はこれこそが「愛校心」であると考える。口で言うだけでは伝わらない。活動のなかで少しずつ醸成されていくのである。

（略）教師の強烈な熱意と用意周到なカリキュラム、そして同じ方向を向いて長い道のりのなかで真剣勝負すること。子どもを育むことの原点をY教諭に改めて学ばせてもらえた。

教師や生徒の学びを、具体的な場面をとらえて私なりの解釈で校長通信としてコンパクトに文書化してきた。これは私自身の教育観の表明である。通信の蓄積は、やがては学校のメンバーに緩やかな変化をもたらしていく。

第六章

視野を広げ、理想を掲げる

校長通信実践篇2

前章では、毎日の生活や教育活動に関することを中心に紹介した。本章では、視野を広げて、世の中にあふれている教育情報や他校の実践、「書くこと」の意味などに関する内容を紹介する。無数にある情報から何を取捨選択して、どのように自校の教育活動につなげるか、校長としてのセンスが問われる部分でもある。校長は「通訳者・翻訳者」の役割を果たしていると私は考えている。

第一節　最新教育事情を捉える

日本の教育の問題点を明確にしておく

私の校長通信は、中央教育審議会より「論点整理」が公表されて、新学習指導要領策定に向けて、日本中でこれからの教育の在り方について議論がなされている最中という時期にスタートした。第一号は、文科省が捉えている日本の子どもや教師の課題を示し、勤務校ではこの課題にどのように立ち向かうかという問題提起である。

文科省から示される情報は膨大であり、確かに氾濫する情報から取捨選択する力が求められるのだが、なかなかじっくりと目をとおすことができない実情がある。そしてじっくり理解しないと、どこか遠い世界の話だと思ってしまう。学校の現状を鑑みて、まさに「今」「自分の学校で」「何に」取り組まねばならないかを指し示すのは、学校のリーダーの務めである。

今、日本の教育は何が問題なのか（Professional, No.1, 2016.6.17）

国際比較において学力は回復傾向にある（PISA2012）日本ではあるが、そもそもどんな課題があると認識しているのかを整理しておく。

（1）「学習することが楽しい」「日常生活に役に立つ」と思っている生徒の割合が非常に低い（TIMSS2011）。

（2）高校生の「自分は価値ある人間だ」「自分の参加で社会を変えられる」と思っている割合が非常に低い（2012高校生の生活意識と留学に関する調査報告書等より文科省作成）。

（3）根拠を明確にして説明することに課題がある（平成二十七年度全国学調結果）。

（4）「批判的思考を促す」「勉強ができると自信を持たせる」ことができると思っている教員の割合が低い（TALIS2013）。

（5）「少なくとも一週間を要する課題を与える」「進度に応じて異なる課題を与える」教員の割合が低い（同右）。

「論点整理補足資料」（二〇一五年八月二十六日）より

（略）「学ぶことが楽しくない」「何のために学習しているのかわからない」「学習してもどうせ社会は変わらない」と思っている子どもと、「自分が子どものときに教えられたとおり伝達していくことで精一杯」という教師。さて、本校はこの課題にどのように立ち向かい、どのように発信していくのか。

最新の情報を自校の教育活動とつなげる

学習指導要領改訂に関する話題は、「社会に開かれた教育課程（No.2, 2016.6.20）」「「論点整理」その後（No.6, 2016.7.1）」「これから求められる資質・能力（No.12, 2016.9.5）」「中教審答申（No.35, 2017.1.10）」「大学入試改革と高校入試改革（No.57, 2017.5.22）」「高等学校学習指導要領公表（No.95, 2018.2.21）」といったように、順次紹介していった。

次の、学習評価の在り方については前任校のウィークポイントのひとつと捉えていたため、二回に渡って発行した。

児童生徒の学習評価の在り方について（これまでの議論の整理から）1（Professional, No.143, 2019.1.18）

これまでの課題としては、学期末や学年末などの事後での評価に終始し、学習改善につながっていない、「関心・意欲・態度」が、挙手の回数やノートをしっかり取っているかなどの、性格や行動面の一時的に表出された場面を捉えているだけになっている、教師によって評価方針が違う、教師が評価のための「記録」に労力を割かれて、指導に注力できない、指導要録が次年度や学校段階において十分活用されないといったことが挙げられている。指導のための評価であるのに、そうはなっていないということである。（略）

特にページを割いているのは「主体的に取り組む態度」の評価についてである。「①知識及び技能を獲得したり、思考力、判断力、表現力等を身に付けたりすることに向けた粘り強い取組を行おうとしている側面と、②①の粘り強い取組の中で、自らの学習を調整しようとしている側面」の二つの側面の評価をする。この二側面のグラフ化もされており、一見に値する。資質・能力に関する議論でも強調されてきた、「生涯にわたり学習する基盤を培う視点をもつ」ことの重要性より、メタ認知など学習に関する自己調整にかかわるスキルが重視されているのである。このような抽象的な思考力は小学校高学年以降にみられるようになるとあり、五年生から教科担任制を採る本校にとっては、研究のチャンスと言える。

まず百四十三号で現在の課題を挙げ、次に観点別評価のなかの「主体的に取り組む態度」について採り上げた。解説の部分が多くなったが、これから進める研究の視点とそのバックボーンを示した。

続く百四十四号は、解説を入れながらも、むしろ前任校との関わりについて心配な点に言及した。評価規準や評価方法をどれだけ子どもたちと共有しているか、という課題である。主役は学んでいる子どもたちである。また、その評価規準の作成は、設定例の詳細ではなく、作成手順を示すだけとしていることに触れ、私としても「我が意を得たり」ということを示した。どこかの事例を待つのではない。借り物でなく、自分たちで創り上げることで、理念を共有でき、実際に用いられることになる。一つひとつのことが、国の大きな方針につながっているのである。

児童生徒の学習評価の在り方について（これまでの議論の整理から）**2**（Professional, No.144, 2019.1.21）

重要なポイントの一つに、評価規準や評価方法などについて、必ずしも十分に児童生徒に伝えていない場合があるという指摘がある。果たして本校でもどれだけ実行できているか。本校の通知表の観点は、指導要録に基づきながらも、指導の実態に合ったものを各教科工夫しているので、当然共有されているべきであるのだが、どうだろうか。特に五教科が心配である。さらに、教科横断的な視点で育成を目指すこととされた資質・能力（言語能力、情報活用能力や問題発見・解決能力など）は、各教科における三観点の評価に反映することとしている。そもそも全教科三観点に整理していくことが求められるのであるから、同時に本校が教科横断的に大切にしている資質・能力を加味したものにしていく必要があるということである。それを丁寧に説明して共有していってほしいと願う。（略）

今後の動きについては、評価規準の設定例を詳細に示すのではなく、「作成の手順を示すことを基本とする」とある。大賛成である。それこそ学校が担うべきである。また、今回の学習評価の意義やその改善の趣旨について、パンフレットなどで教職員や保護者はもとより広く一般に周知していくことも提言している。まさに「社会に開かれた教育課程」の実現に向けて、教育界全体が大きく動いていこうとしているのである。

高等学校の学習指導要領について何回か触れているのは、校種間のつながりが重要だと考えているからである。教師は送り出した後の教育内容まで考えない（考える暇がない）傾向にあるので、せめて関係の深い部分についての理解は必要だろうという思いから、なるべく簡潔に示している。

特にこれから重要となる「探究」について解説する上で、高等学校での動きを示すことで、校種を越えてつながっていくことを意識すると同時に、何を大切にすべきかを明らかにしようとした。探究は二サイクル目こそが本物の学びになる。だからこそ、カリキュラム設計が重要になるのである。

協働探究カリキュラム2（Professional, No.83, 2017.11.21）

ここで重要な視点は、「探究」は二サイクル目以降が本物であると同時に、一サイクル目の存在が必要不可欠であるということである。（略）高等学校学習指導要領はまだ告示されていないが、おそらく「理数探究」という新教科が設置されることになるだろう。（略）数理横断的なテーマに徹底的に向き合い考え抜く力を育成することを目指す教科を設置することとし、共通教科「理数」のなかに、「理数探究基礎」と「理数探究」の二科目を設置する予定である。「基礎を学ぶ段階」では、探究の手法について学ぶことが中心であり、教師の指導のもと、実験・観察の進め方や分析の手法を考え、選択した課題などの探究を実施する。「探究を進める段階」では、基礎で学んだことを用いて、自ら課題を設定し、探究の過程全体を実施する。答申では、「その際、探究の成果としての新たな知見の有無や価値よりむしろ、探究の過程における生徒の思考や態度を重視し、主体的に探究の過程全体をやり遂げることに指導の重点を置くべきである」とされている。まさしく現在の日本が置かれた課題を解決するための切り札的な位置づけである。

全国学力・学習状況調査について、独自の視点を示す

全国学力・学習状況調査（全国学調）への関心は高い。正答率の比較が大きく取りざたされ、一喜一憂している場合が多いのではないだろうか。もちろん課題を明らかにして対策を講じるのは大切なことである。しかし、問題そのものに、大きなメッセージが込められていると思う。大変な準備をして実施しているのであるから当然であり、それを使わない手はない。関心が高い分、そのメッセージも伝わりやすい。

平成三十年度全国学力・学習状況調査（Professional, No.103, 2018.4.18）

今年度は理科を加えて実施された。現段階では、次年度からは、国語・数学をA、Bと区分しないで実施する方向で議論が進められているようである。（略）理由の二

つ目は、「知識・技能」の捉え方の変化である。周知のとおり、答申には「各教科等において習得する知識や技能であるが、個別の事実的な知識のみを指すものではなく、それらが相互に関連付けられ、さらに社会のなかで生きて働く知識となるものを含むもの」「知識や技能は、思考・判断・表現を通して習得されたり、その過程で活用されたりするもの」「資質・能力の三つの柱は相互に関係し合いながら育成されるもの」とある。「知識・技能」は単独に取り出して調査するだけでは、一面的に過ぎないのである。ただし、いわゆる「B問題」は国家レベルの授業改善に一定の成果を上げてきたことは事実であろう。「知識・技能」に関するこのような捉え方は私は賛成であるが、もしかしたら腑に落ちない教師も存在するのではないだろうか。

平成二十七年度調査もそうだったが、A、Bの区別をしていない理科の問題を見ると主旨がよくわかる。すべての問題が実験・観察やレポート作成、コンピュータを使って集めた情報、日常生活の場面などを題材としている。一問一答形式の問題も存在するものの、実験や観察などの前提や過程のなかに組み込まれている。また、実験結果を踏まえて問題中の主人公が持つ「新たな疑問」を答えるという、本校が大切にしている、省察のなかから発意を得ることそのものが問題になっている。当然このような学習活動が求められていることを示している。

全国学調がこのような動きをすることで、「知識・技能」に対する考え方は変化してゆくだろう。「過程や文脈を大切にするということ」「結果が出てからが本当の学び」といったことが問題そのものから読み取れ、それを感じることが、全国学調の価値と言っても過言ではない。

第二節　多様な他者に学ぶ

アンテナを高く上げる

教育情報は、文部科学省や教育研究者からもたらされるものだけではない。しっかりまとめられた書物からだけでもない。超情報化社会の現在は、リアルタイムでの情報にあふれている。そのなかでどれを選択しどのように解釈するか。それこそが受け手側の力量に左右されるのだが、校長も、恐れずに自分の情報の受け取り方を示したい。たとえ的外れであったとしても、これをもとに、それぞれの教師たちがアンテナを高く上げて、示されたものを疑いながら、自己の学びにつながればいい。本物の事例は意識改革のチャンスであり、勤務校の現状にマッチしたものならなおさらである。

伊賀白鳳高校陸上競技部（Professional, No.39, 2017.1.25）

平成二十九年一月十三日、ＮＨＫで、『ナビゲーション』「短い練習で勝つ～全国高校駅伝五位　三重伊賀白鳳～」が放送された。（略）

伊賀白鳳高校は三重県の公立学校。陸上部には他県からの入学生はいない。しかしながら、近年の駅伝の活躍は素晴らしく、公立高校では全国一位を守っているらしい。タイトルどおり、毎日の練習時間は一時間四十五分。驚異的な短さで、練習を見学に訪れた長距離陸上界の権威Ｓさんが、「こんな練習で全国トップクラスになるとは考えられない」と連呼していた。

（略）メニューの工夫はどこでも多かれ少なかれあるだろう。興味深いのは、監督の指示は練習メニューを貼り出されるだけで、何のための練習メニューかは一切説明がないこと。メニューの目的を各自が考えて、当日のコンディションや各自の目的にしたがって複数あるメニューから自分で選ぶのだという。また、生徒各自による生活管理も徹底している。起床時刻や就寝時刻、練習内容の記録だけでなく、食事の成分やカロリーまで詳細に記載。下校時には家に帰宅時刻を知らせて、帰宅に合わせて夕食。もちろん栄養チェック。その後は筋トレ、ストレッチ、便所掃除と続く。六時台に起床して二十二時就寝。この規則正しい生活により、体の免疫力を高めることが数値で示されていた。したがって、風邪すらひかないらしい。

まさに、やらされる練習でなく、自分からやる練習が実力を培うのであり、これを成績で示しているところがすごい。教育評論家のOさんは、学習面にもそのまま当てはまる素晴らしいことだと絶賛していた。私も同感である。

自分で課題を見つけて、自らが工夫しながら練習していくという「自律的な学び」の効果が示されている。「嫌なことも無理矢理やらせて結果を出す」考えがまだ幅をきかせている部活動だけに、意識転換には最適の情報だと思う。余談だが、これは、後援会組織の役員Uさんと話をしていたときに、たまたま挙がった話題である。Uさんは私と同じ感覚を持っている前任校の良き理解者であり、同じ番組について反応したことが非常に心に残ったことも、紹介した一因となった。

次は他学校の生徒会活動の紹介である。これもインパクトが強かったのだが、福井市校長会において、校長会長挨拶のなかで紹介され、「やはり同じことに反応する人はいるものだ」と素直に納得したものである。

鼎談深志（Professional, No.81, 2017.11.2）

松本深志高等学校の新たな取り組みが、大阪大学大学院教授小野田正利先生によって紹介されていた。自転車通学のマナー、保護者の送迎車の駐車問題、吹奏楽部の音や軟式テニス部の打球音などの音問題に関する苦情が寄せられる中、生徒たちは満足いく活動ができずにいた。そこで昨年度秋から、音を出す部活動代表や生徒会役員等で実行委員会を立ち上げ、各町内会を訪問して、アンケート調査や個別訪問による意見聴取を重ね、意見交換会を実施。住民側も、応援団が和太鼓をタオルとビニール袋で覆って消音に努めていることなどを知り、町会も解決のために力を貸すべきでないか、住民や学生、先生方を交えての議決機関をつくっておいた方がいいのではないかという声をあげる。そこから、「難航に次ぐ難航」の末、生徒会のなかに新しく「地域交流委員会」が生徒総会で承認されて組織された。この委員会の委員長が中心となり、生徒の代表、教職員代表、地域の代表が集う「鼎談深志」が、五月二十七日に第一回、九月一日に第二回が開催され、平日、休日それぞれの時間規制と、その練習スケジュールを一ヶ月ごとに町会長に届けて回覧することなどが決められた。（略）

恐れ入った。高校生とはいえここまでできるものかと。小野田教授は、『異文化理解は、何も国際社会との関係だけで存在するだけではないと私は思う。そのときに求められるのが「対話」力なのだ』と述べる。また、このような経験が「対話の基礎体力」をつけるのであり、学校教育に求められるＰＩＳＡ型学力に沿うものだと主張する。

【引用文献】小野田正利「鼎談深志　生徒による近隣トラブル解決（1）（2）」『内外教育』二〇一七年、第六六一六号、第六六一八号、時事通信社

後期生徒会が始動したタイミングで発行した。題材は何でもいいと思うが、生徒にとって切実な問題を解決するために生徒会活動は存在する。そんな本物の自治活動を願ってやまない。

教育実習生からも学ぶ

他から学ぶという観点では、必ずしも優れた全国的なレベルの実践だけが対象ではない。むしろ未熟な場面からの学びにも価値があると考えている。我々教師は、どの学校でも、教師の卵たる教育実習生を指導する機会があるが、それすらも教師の学びの場となるのである。

私が教育実習生を担当していた最初の頃は、「ただでさえ忙しいのになぜこんな余計な仕事を」と思ったものだ。しかし、彼らには眩しいほどの意欲がある。生徒を惹きつける若さがある。また、吸収量著しい彼らは指導教師を写す鏡とも言え、彼らと一緒に学ばせてもらっていると感じることができたのは、随分経験を重ねた頃だった。欠点はすぐに見つかるが、いい点はその気で探さないと見つからないものだと感じたのもその頃である。価値を発見するという意味で、若手からでも十分学ぶことができるだろう。

教育実習生の授業から（Professional, No.15, 2016.9.15）

概ねどの教育実習生の指導案もシンプルな構造になっていてわかりやすい。指導された先生方のおかげであろう。頭のなかで整理ができているように感じた。（略）生徒たちはよく反応しており、私の目の前にいた生徒のこれまで見たことがない解法を目の当たりにして感動し、私の横にいた生徒の見事なつまずきにこれまた感動した。「大いなる試行錯誤（私が外部でよく用いる好きな言葉である）」が行われていたのである。あるいは、学級に入っている強みを生かした生徒への愛情あふれる対応に、私が思わず微笑んでしまう授業があった。生徒が安心して授業に臨んでおり、感心させられた。これらは授業者の教材に対する思い入れと明るく前向きな授業者の雰囲気が、生徒に伝染した顕れである。授業者の危うさも生徒を惹きつける魅力になっているのである。私も元気をもらえる。

教育実習生の授業から2（Professional, No.75, 2017.9.13）

どの授業も何とか子どもを惹きつけようと奮闘しているのが伝わってきた。子どもの名前はだいたい覚えているようで、双方の顔つきから人間関係も築けていると感じた。やはり人としてつきあうことが、「人が人を育む」教育の原点だと思った。（略）

そのなかで、どの授業にもほぼ共通に気になった点を二点挙げる。まず、「授業の流れ」を感じる（つかむ）ことができていないこと。例えば主発問が二つあった場合、その間の関係が明確でなく、思考がつながっていない。生徒たちにとっては、リセットして新たな課題に取り組むような感じになっている。授業者はこの時間帯でこの課題を出そうと意気込んで授業に入っているために、どのように生徒が捉えているかをつかめないのである。これにはある程度の経験が必要なのだろうと思うし、教師に必要な力だろうと思う。

二点目は、授業者の子どもに対するレスポンスや評価。「話し合って下さい」とよく言うのだが、その後がない。発表させたとしてもそれだけ。これでは話し合いがいがない。考えがいがない。結果としてダレてくる。

この二点を結論づけるならば、子どもの発言を拾って価値づけて、それをきっかけに次の大発問につなげていくことが必要だったのである。私のところに来た学生には少しお話した。

秋田先生は、「このような教室の会話は、時々刻々と進む授業のなかで発話される。指導案で書かれた授業の流れは、連続する測定可能な量的時間（クロノスの時間）として計画され記述されているだろう。だが、実際の授業の場で教師や子どもたちが対話し考えながら経験する時間は、「もっと勉強したい」「満ち足りた」「まだ授業が続くの？」「もうこれで十分」といった主観的感覚を伴う質的な時間（カイロスの時間）である。発話と発話の間やタイミングもまた、教室の雰囲気を生み出す重要な役割を担っているのである」と述べる。即興的判断という言葉をよく使うが、学生の授業を見ているとその重要性が非常によくわかる。学ばせてもらえる。ただし、学生にこういうことすべてを言うかどうかは別問題である。消化不良になってはかえって戸惑わすことになる。これも教師の即興的判断である。

【引用文献】秋田喜代美『学びの心理学』左右社、二〇一二年

第三節　書くことを意味づける

書くことの重要性

書くことによって深い省察に誘われる。毎日の教育活動に多忙を極める教師たちに、記録化することを求めるのは酷な気もするが、第三章第四節で触れたように、年間のリズムのなかでその時間と機会を確保できれば、それに越したことはない。

一番の問題は、なかなか「書くこと」の意義を実感できないことにある。「やってみればわかる」のはある意味事実だが、目的もなしにただ闇雲に書くことを強要するのは、「これは後の学習に生きるから」と子どもに無理強いをするようなもので、苦痛でしかないだろう。そこで書くことの意味を何度か解説してきた。まずは学習指導案を題材にした通信である。

文字にするということ（Professional, No.93, 2018.2.16）

本校では出版に限らず、研究紀要、学習指導案など、いろいろな内容を文字にして発信している。文字にすることの意味はこれまでも再三書いてきているが、何より著者の頭のなかを整理することが求められるという点で高い価値があると思うので、是非積極的に臨んでほしい。

さて、昨年度、学習指導案の書き方について研究企画のメンバーに語る機会を持ったのだが、そのなかで「誤字脱字」のことについて触れた。単なるミスとして「あるある」と流してしまえばそれまでだが、少し思うところがあり、そのときの話を紹介したい。

「美味しんぼ」という漫画のなかに忘れられない一節がある。第五巻の、究極のメニューと至高のメニュー対決の第一戦「卵対決」のことである。山岡士郎は自分の料理に自信を持って勝負に臨んだのだが、海原雄山の出した料理を一口食べた審査員は皆、これに勝るものはないと賞賛する。その秘密を海原は「卵自体が違う、自然養鶏の初卵だ」と種明かしをするのだが、山岡は「科学的根拠がない」と反論する。そこで海原が述べる説明が以下の内容である。

人間はどうやって初卵を手に入れるのか。それは、飼育している人間が片時も目を離さず、それこそ不眠不休で鶏を見続けないと不可能である。それほど注意深く育てられた卵ならば初卵であろうとなかろうと、素晴らしいに違いない。完璧な健康管理のもとで最大限の愛情を持って育てられたのだから。

（略）何が言いたいか。注意深く何度も何度も原稿を推敲していれば、誤字脱字はほぼなくなるし、それだけ注意深く見た原稿の内容は、著者の執筆段階での最高レベルを保持しているに違いないということである。文字にして発表するということは、著者が読者の横にいて丁寧な説明をその都度加えられる訳はなく、完全に手元を離れて独り立ちするということである。最大限の手をかけてやってほしいと願う。

【参考文献】雁屋哲「美味しんぼ」第五巻、小学館ビックコミックス、一九八六年

実践記録を執筆するということ

さらに、第三章第七節で触れた「授業実践を伝える」ことについて何度か解説している。口頭でも説明しているので、結構繰り返しになっている。公のものにすることによって他者からの批評を得ると同時に教師の協働を促すことになり、学校を学び合う場へ転換することにつながる実感がある。この効果は多大であるにもかかわらずなかなか伝えきれず、

いつも困難を強いられる部分である。「働き方改革」や、「気軽に見てもらえる」ような成果発信の新たな方法の模索のために、「研究紀要」を廃止しようとする動きも少なからずあると聞く。しかし何らかの形で実践を伝える努力を続けたい。

研究集会（公開研究会）と研究紀要は何のためにあるのか（Professional, No.31, 2016.12.5）

一言で言えば、共に教師の力量形成のためである。なぜ力量を向上させないといけないのかと言えば、生徒のためであることは疑う余地がない。ではなぜこれを行えば力量が向上するのか。とにかく授業公開して書けばそれでいいのか。（略）

書けばどんな力量が向上するのだろう。まず、授業実践の意味が整理できるようになる。どんな意味があったか（あるいは何もなかったか）が見えてくる。逆に言えばそれを意識しなかったら書く意味はない。次に単元の全体像が見えてくる。こうなると、他の授業を見てもどんな意味があるのか考えられるようになる。全体像を捉えやすくなる。これは、授業を語ることができるようになることを意味する。さらに紀要として発信することで第三者からの批評が得られる。しかし書き手を離れて独り立ちするので、どのように読まれようと読み手に委ねられることになる。理論はそのために必要になる。読み手にとっては、いい実践記録を読むと自分の授業に持ち帰りたくなる。

そして無性に授業の話をしたくなる。

実践記録を書く意味が少しずつわかってきても、なかなかすべての疑問は払拭できないものである。校内研究会で説明する機会を設けたが、そこでさらに質問事項をいくつか頂いたので、この通信を回答の場とした。固有名を出すことや、独りよがりにならないだろうかという不安に対する私の回答である。

実践記録について（Professional, No.147, 2019.2.6）

一月二十八日の校内研究会で、「実践記録」について二十分程度プレゼンをさせて頂いた。実践記録のイメージがあまり共有されていないのではないかと考えたからである。（略）いくつかご質問を頂いたところがあったので、紙面において少々補足をさせてもらおうと思う。

まず「固有名」を出すことについて。学びは個のなかで生まれるから、学びを捉える記録としては外せない。しかし逐語録を作成するのではなく、「点」から「線」への見取り、そして「変容」が大切である。重要な部分を書き手の意図で浮かび上がらせる。いつどのように変容したか（しなかったか）を捉えることが「見取り」である。したがって、誰かの参観記録をそのまま載せても授業者の省察力は変わらないので目的に合わない。一つの事実にしても、それをどう見るか（表情や振る舞いも含めて）が重要なので、実際授業者がその場に立ち会っていなかったら難しいかもしれない。ビデオを活用することは有効かもしれないと思う（私はあまり用いなかったのでコメントできないが）。瞬間を捉えきれなかった場合は、子どもの書いた物が大いに参考になる。

（略）

独りよがりにならないか、という不安は当然あるだろう。しかし、そもそも「解釈」なので、独りよがりはむしろ当たり前だと思う。百四十六号（第五章第三節参照）で、私は一グループを追い、『先行するR君をNさんが支え、Y君が慎重に追随していく』と書いた。これは事実を元に考えた私の独りよがりである（真実かどうかはわからないということ）。しかし、このような解釈に一旦しておくことによって、次の行動が予測できるし、逆に予測から外れた行動をとったときは、その要因を考えようとすることができる。子どもの学びを推測しながら臨機応変に授業を組み立てていくことにつながるのではないかと考えている。自信を持って「独りよがり」になればいいと思うし、これを積み重ねて、自身の授業を捉える眼について省察の部分で振り返ることも有効であろう。

最後に、一旦、誰かに話すように書いた初稿を推敲していくことの意味について補足したい。私も実はこの通信を書くに当たっては、大抵一・五倍程度書いてから、何とか一枚に縮める。冗長な部分を削るのだが、むしろ、適切な言葉を選んで（探して）いると言った方が正しい。構成も同様である。伝えようとする内容にピタリとはまった構成と言葉を見つけた（という感じ）ときは心が躍る。書くことによって、自分自身のなかに小さな武器が増えるようである。

私は、実践記録を「名刺代わり」と呼んできた。「私はこういう実践をしてきた者です」と自己紹介ができればどれだけ素敵だろうと思うし、学校を越えて、そのような社会になってほしいと願ってやまない。そして、次節でも少々触れるが、私がこれだけ実践記録を大切にするようになったのは、福井大学連合教職大学院の先生方のおかげであることを断っておきたい。

第四節　心に残る言葉

「過去は変えられる」

私にとって福井大学連合教職大学院の先生方は、創設期以前からのおつきあいで、その交流はもう二十五年に及ぶ。失礼を承知で言うならば、よく知った仲だからこそ一言が響く。聞き流してしまいそうなちょっとした暗喩の一つひとつが、教師の成長を言い表している至言である。それぞれについての私なりの解釈やこれらの提起に対する回答は、いろいろな場面で述べさせてもらっている。

「過去は変えられる」（Professional, No.8, 2016.7.12）

忘れられない福井大学松木健一先生（現福井大学副学長）の一言である。実践記録を書く意味を端的に表している。教員はとかく忙しい。次の授業が待っているし、授業さえしていればいいわけではない。しかしこれでは授業は変わらない。(略) 実践を振り返ることによって、終わった事実は決して変わらないが、実践のもつ意味は変わってくる。「景色」が変わる。これが「過去は変えられる」の意味である。

「紅葉の色づく瞬間を見た人はいない」(Professional, No.106, 2018.5.17)

福井大学柳澤昌一先生(現福井大学大学院連合教職開発研究科長)の忘れられない一言。十数年前に、福井大学ラウンドテーブルのオリエンテーションのなかでさりげなく語られた言葉で、忘れることができず、一昨年度最後の実践研究会で紹介させてもらったのだが、実に味わい深い。

教師は高度専門職業人である。これからの社会を生き抜くために培うべき資質・能力を見据えたビジョンと、目の前の生徒や状況に応じた臨機応変の対応が求められ続けているのであり、だからこそ教員免許が必要なのである。しかし免許があれば一人前というわけでは決してなく、本当の意味で「教師への道」を歩み出すのは、教員に採用されてからといっても過言ではない。そう簡単に教師としての資質・能力が備わるものではないことは皆さんも経験済みだろう。講演会や研修会に参加して刺激を受けることは大いにあるだろうし、良書を熟読して開眼したように感じることもあるだろう。しかし、果たしてそれが教師自身を瞬時に変えることにつながっているかは甚だ疑問である。なぜなら、外部からの刺激を受け入れる器自体の問題だからである。

座右の銘

次に紹介する言葉は、論語の一節で、私の座右の銘の一つである。押し付けるつもりは毛頭ないが、何かの折に思い出してもらえればとこの通信のかなり早い段階で紹介した。楽しまなくては何事もうまくいくわけがないと思う。随分と極端な話をしているが、すべて本音である。こうした私自身が心打たれた言葉の数々を伝えることが、教師の意識改革の一助になるのではないかと願ってのことであった。教師というのは、基本的に自由で楽しく、希望を語る職業なのである。

之を知る者は之を好む者に如かず　之を好む者は之を楽しむ者に如かず（Professional, No.5, 2016.6.29）

これは「学び」と「勉強」の対比にも現れる。「やりたくもないのに強いられる勉強」と「自分から求めて行う学び」。その差はどれだけ楽（愉）しんでいるかに左右されることが大きいと思う。誰でも嫌なことは少しのことなら耐えられるだろうが、未来永劫続くとなるとどうだろうか。嫌なことも続けていればそのうちに楽しくなることも確かにあるだろう。しかし「そのうちに」が曲者で、先の見えない未来には投資できない現実がある。

大人の「楽しみ」「つまらなさ」は恐ろしいほど見事に子どもに伝染する。教育活動でも同様である。単にこなしているだけの授業や行事からは即座に脱却しよう。「テストに出るから」「教科書に書いてあるから」は今すぐやめよう。ではどうするか。

一つ目は「なぜか」「本当か」を問い続けることである。「学び」にあって「勉強」にないもの、それは「真を問う」こと。（略）「なぜこのように指導するのか」「なぜこの教科を学校で学ぶのか」「本当に社会に出たとき必要なのか」「なぜ委員会活動をするのか」「なぜ中学校は義務教育なのか」等々何でも疑ってかかると見えている世界が変わる。

二つ目は新たなことに挑み続けることである。誰でも言われてからだとモチベーションは下がる。「今（宿題を）やろうと思ったのに」という子どもの口ごたえはその顕著な例である。終着点が見えている勉強に対比させて、学びは「常に始まりを準備する、ネバーエンディング・ストーリー」（佐藤学先生より）なのだから。

三つ目は気楽にやることである。唯一の「正解」があるわけではない。乱暴な話になるが、たとえ少々変なことになっても、修正や方向転換はある程度可能である。

通信を書き続けて

最初は、最新教育事情を必要な情報として紹介することが多かったが、徐々に毎日の教育活動の意味を、私独自の視点で書き進めていった。書き続けていくことで、明らかに教育活動に対する見方が変化してきた。具体的な活動を記事にするには、当然、アンテナを高く掲げることや、事実のなかに潜む教育的価値や次への課題などを探り出すことが求められる。自校の教職員たちと同じ事柄を見聞きしているからこそ、解釈やものを見る目の質が問われる。文字にしてとどめ置かれることを前提にしているので、中途半端なことは書けない。時には文献の引用も行い、理論的な裏付けを紹介することもある。それらを、時を置かずに発行するので、私にとって、覚悟のいる真剣勝負の場であると言ってよい。校長自身が、「見る目を養うこと」「わかりやすく伝えること」により、教職員の見る目を鍛えられ、リフレクションが促される。教職員の心に素直に届くためには、ユーモアも必要だと思う。複数のことを同時にねらう通信の発行は、校長の資質・能力を培うことに、間違いなく資していると感じる。

教職員から「すべて保管してあり、ときどき読み返しています」「異動してからももらえませんか」という声を聞くと、書いてきて良かったと思う。通信に取り上げられることをうれしく思う教職員も多いと聞く。授業者や、同じ授業を見た教師たちと、通信を介して価値を語り合うことも多い。教職員たちも、私同様、毎日の教育活動の意味を考える習慣を持ち、できることなら価値のある活動を仕組みたいと願うようになる。その息の長い繰り返しが、緩やかに教師や生徒を変えていくと信じている。

解説 学びのサイクルを体現する

秋田喜代美

校長が学びのハブになる

学校を学び合う場にするということは、どこの学校でも言われるようになりましたが、本書の牧田先生の活動は、校長自身が学びのハブになっている点に大きな意味があります。

第四章で記された教師の活動を価値づけることのほかにも、最新の教育情報を伝え、学校外に出かけていった校長がさまざまな他者に校長自身が学んできたことを伝える役割をこの通信は果たしています。そしてこれからどのような学校になってゆくのか、見通しを示し、風通しを良くしているのです。情報を得た教師が豊かになってゆくだけでなく、校長が、学校とさまざまな人や思想、物事の見方を繋いでゆくハブになっているのです。

さらに言えば、授業やカリキュラムだけでなく、そのような学び続け、学びのハブになる校長自身の存在とその後ろ姿が、学校が求めたい資質・能力を学校全体で育てるための道標になっています。教科間で話題を共有するとき、あるいはどのような教材を選び、教え方を選ぶかを考えるとき、校長の存在と校長通信が大きな役割を担っています。

教育の実践記録を書くことで校長自身が学びを広め、深めてゆく姿そのものを見せる。そここにこの校長通信の魅力があり、学び続ける姿勢を持った牧田先生自身の魅力があります。また教師が実践記録を書く文化は、松木健一さんや柳沢昌一さんが先生たちとともに長年かけてきずいてきた福井大学附属の文化でもあります。最初は情報の紹介が主だった校長通信が、しだいに自校の教育活動の意味を独自の視点で書き進めていった、という牧田先生の言葉に、まさしく学んでゆく校長像が示されています。教育の中核であるカリキュラムや授業、またさまざまな活動の意味を校長が物語っていることが大事なのです。学校の方向性をつくるのは、もちろん通信がすべてではありません。しかしこれから学校の枠を越えて外の情報に学び、変わってゆくためには、学校は柔軟でなければなりません。階層的な管理を強めた息苦しい組織ではいけないのです。その柔軟に学んでゆく姿を校長が体現し、そのことが教師に伝わっていることが素晴らしい点なのではないかと思います。

学校づくりのデザイン原理を体現する

ではなぜ校長自身が学び続けなければならないのでしょうか。OECDが二〇二〇年十一月に発表したこれからの教育のカリキュラムのデザイン原理には図（左ページ）のようなことが示されています。[1] 教科内では、教師自身が大切なことを見つけ、焦点化すること（Focus）。生徒の学びが挑戦的（Rigor）であるために教材研究をしたり、課題相互のつながり（Coherence）を見出してゆくこと。本書を読んできた皆さんには、こうした一つひとつの視点に立った価値づけや取り組みへの評価が、校長通信に書き込まれていることがわかると思います。第四章で指摘したことですが、まさに学校の羅針盤として機能しています。

OECD Educaiton 2030の示したカリキュラムのデザイン原理には、教科の枠を超えて転移可能であること（Transferability）、学校の枠を超えて柔軟性（Flexibility）やつながりをもつこと（Alignment）が挙げられています。校長通信には、校長同士のネットワークで経験したこと、例えばイノベーションスクール・ネットワークなどで、学校を超えた牧田先生の学びの経験が共有され、カリキュラムのデザイン原理にとどまらず、学校づくりのデザイン原理を学んでゆけることになります。

学びの過程では、子どもはもちろん、誰もが我が

Design principles within a discipline 教科内	1. 焦点化Focus 2. 挑戦　Rigor 3. 一貫性Coherence
Design principles across disciplines 教科を超えて	4. 転移可能Transferability 5. 教科間Interdisciplinary 6. 選択　Choice
Design principles beyond school 学校の枠を超えて	7. 真正性　Authenticity 8. 柔軟性　Flexibility 9. つながる　Alignment
Design principles for processes 学びの過程	10. 誰もが夢中Engagement 11. 主体性Student agency 12. Teacher agency

OECD 2020「カリキュラム構成の12のデザイン原理」

事として夢中になって関与してゆける（Engagement）ものであることが大切です。地域の方や保護者、さまざまな人が学校に関わり、夢中になってゆく。牧田先生の言葉で言えば、教師の主体性と生徒の主体性が響きあう瞬間をつくる。そのために大切なことは学びのサイクルを生み出すことではないでしょうか。校長が学校がどうあってほしいのかの願いを持ち、その願いが具体的に現れている教師や生徒の姿を捉えて、価値づけてゆく。それを受け止めた教師や生徒が次にはこうすればいいのではというアイデアやあらたな見通し、展望をつくりだし、学びが一巡していきます。

学びの物語りをつむぐ校長

現任校での通信も百号にまでならんとしていますが、牧田先生の通信は、量ではなく、むしろ質にこだわっておられます。その質をひと言で言えば、自分自身が学ぶ姿を示す、ということではないでしょうか。自分自身が授業をどう見ているか、生徒をどう見ているか、一人ひとりの教師をどう見ているかを書き取り、自分自身の振り返りを添えています。そこには、教師へ評価ではなく、リスペクトがあります。もちろん学校長は管理職ですから役職上は教師を管理していますが、その立ち場を超えて、一人ひとりをかけがえのない存在として受け入れてゆく哲学を貫いています。

通信のスタイルは校長それぞれの経験や得意なこと、思いによって違っていてもいいでしょう。写真を撮るのが得意な校長なら写真による通信を発行するかもしれません。また本書では通信を取り上げていますが、通信ばかりが学びの姿をみせる手段ではありません。実際牧田先生もよりパーソナルにさまざまな教師の悩みに目を配り、教師の今置かれた立ち場や時期に合った助言をしたり、あえて遠巻きに見て若手に任せたりすることも含めて、学校や教師の学びのリズムをつくりだしていらっしゃいます。研究主任でいらしたおよそ二〇年も前から牧田先生の姿を見ていますが、通信を出すだけではない口頭での機微を逃さないメッセージ、加えて非言語的なオーラを見たり感じたりして、牧田先生と学びたいと思っている教師が大勢いることも知っています。

繰り返しになりますが、大切なのは威厳と管理だけではなく、教師や生徒と同じ目線に立ち、生徒の学びのプロセスや教師の授業での労苦を共に同行し共感し、自分の受け止めに対して応答する校長であることです。今は校長も学ぶ時代です。行政や国の動きを正しく素早く伝達することももちろん重要です。それに加えて、それぞれの学校の実体に即したかたちで校長自身が学び、判断し、教師をエンパワーすることが大切なのです。別の言い方をするなら、自分がリーダーシップをもつだけではなく、次世代のリーダーを育てる校長であることと言えるでしょうか。いわば、ビジョンを示すリーダーから、ミドルや若手に希望を与えて育てるリーダーになるということです。そのために大切なことは、教師という仕事がいかに誇り高く面白い仕事であるかを、校内でのさまざまなメディアを通じて教師たちに伝えることです。それが同僚の価値を共有すること、保護者からの信頼獲得にもつながります。

一九九〇年代、ニューズウィーク誌に取り上げられたことで世界的に有名になった北イタリアの小都市レッジョ・エミリアの教育モデルがあります。この教育の最大の特徴は三つのD、Desing、Dialogue、Documentationです。[2] なかでもドキュメンテーションとは、子どもたちの学びの姿を写真や文字をとおして記録し、同僚や保護者、そして生徒たちと物語ってゆくことです。牧田先生が通信でしようとしていることは、まさにこのドキュメンテーションの中学版とも言えるでしょう。

J・デューイは評価には二つの評価があると言いました。一つは評定や見積もり（Estimate）、もう一つは享受し味わい鑑賞する（Enjoy）視点です。どうしても、学力テストなどで達成度を測り、評価する視点が生徒にも教師にも求められる時代ですが、牧田先生の通信は、工夫次第で学びの姿をドキュメンテーションし、生徒や教師、学校全体の物語をつむぎ、発信してゆくことができることを示しています。

さまざまな出来事が起きる大規模校と、牧田先生が在籍している福井県の比較的規模の小さな学校とでは、もちろん取るべき対応や見通しは違います。とりわけ大規模な中学校では日々発生するいろいろな問題に追われているかもしれません。しかし、校長というたったひとりの人間、学校の学びの原点にある校長の存在、生き様、日々の営みをとおして、ひとつの学校の物語りが編み出されていくのです。

注・参考文献

[1] OECD, *Curriculum (re)design: A series of thematic reports from the OECD Education 2030 project overview brochure*, 2020. http://www.oecd.org/education/2030-project/contact/brochure-thematic-reports-on-curriculum-redesign.pdf

[2] 秋田喜代美「レッジョ・エミリアの教育学」佐藤学・今井康雄編『子どもたちの想像力を育む　アート教育の思想と実践』東京大学出版会、七二—九二頁、二〇〇三年

第七章

学校の舵を取る

平成三十一年四月より新任校で勤務している。赴任して考えたこと、実際に着手したこと、そして実際に動き出したことなどを、リアルタイムで発行した校長通信を交えて紹介する。さらに、私なりの学校や校長職の楽しみを語り、これから教育界を牽引する多くの方々へメッセージを贈りたい。

第一節　新任校で歩み出した

見極める

平成三十一年四月、私は福井市安居中学校に校長として着任した。通算十二年勤務し、理念や長所・短所などの特徴をある程度理解していた前任校と違い、安居中学校は初めての赴任校で、文字どおり一からのスタートである。福井市郊外の自然豊かな場所に位置し、一学年一学級という小規模校ながら、小中併設校から中学校が分離独立開校して八年目で、開校以来、福井市の中学校教育研究協議会の研究校として実践を重ねてきている。学校教育目標を「志を持って、挑戦し続ける生徒の育成」と掲げている。まだ開校八年目ということもあり、学校教育目標はまさに二十一世紀を生き抜く人材を育成するために的を射たものになっている。また、「全校一体型教科センター方式」を採る非常にユニークな校舎の造りで、設計者と私は以前から面識があり、コンセプトはかねてより耳にしていた。非常に楽しみな赴任であった。

私がまずはじめたことは、創立の経緯を振り返ることも含め、「見極めること」である。実際に生徒の様子を見る、教職員から話を聞く、保護者の話を聞く……。しかしこれが簡単にはいかない。年度当初は、校長会をはじめとする対外的な会議が立て続けにあり、さらにいくつかの役を担っている私自身が主催しなければいけない会議もある。学校を越えたさまざまな委員会や部会を軌道に乗せる重要な時期なのである。そのため学校を不在にすることが多い。五月中旬までそのような日々が続くのだが、その限られた時間のなかで、教職員との面談、授業や行事の参観などをとおして、様子を把握していく。

一番うれしく感じたことは、教職員の、生徒に対する目のかけ方の丁寧さである。本校は少人数ながらも、行動面、学習面ともに対応が難しい生徒が相応に在籍している。教師たちは学級崩壊や落ちこぼれ、不登校などへの危機感を強く持ち、彼らに対してきわめて手厚い指導がなされている。おかげで、中一ギャップと言われる不安定な新入生たちも落ち着いた学校生活を送っている。もちろん問題が皆無ではないが、よいスタートが切れたと思う。

反面、少々課題だと感じたのは、生徒の消極性である。生徒会の活動方針のなかに、次のような文章の記載がある。

「今の安居中生がさらに前進していくために取り組むべき課題はたくさんあります。そのなかでも、最も大きなものが「生徒の自主性」だと思います。この学校の生徒は、積極性に欠けており、発表する人が固定されている、誰かが出ないと前に出てこない、といったことが多くの場面で見られます。この課題を克服するために、前期執行部では、「全員で取り組むこと」と「プラス評価」を大切にしながら、前年度後期執行部ができなかった異学年スピーチや、力を入れていたあいさつにさらに力を入れて活動していきたいと思います。例えば、……」

生徒たちはよくわかっている。校長室に生徒会執行部を呼んで直接話を聞くと、学年の壁を越えて仲がいいことや、挨拶がしっかりできること、清掃など一つひとつのことにしっかり取り組むことが誇らしい反面、積極性が足りないことを残念に思うと語ってくれた。生徒たちは何とかしたいと思っている。

私は、これは生徒の問題というより、教師側の問題だと直感し、二つの点に思い至った。一点目は、教師の多忙である。学年行事、学校行事、地域との行事などを少人数で運営しなければならない。対外的な役割も他校と同じだけある。例えば、テストは一人で三学年分作成しなければならないなど、結構大変である。したがって、振り返りもそれほどなされないまま、前例踏襲に加え、さらにビルド&ビルドとなっている。こうなると、生徒の主体性を伸ばすといった「ゆとり」のある活動を仕組みにくい。

二点目は、「生徒が学級崩壊や落ちこぼれ、不登校といった危険性をはらんでいるから、早くあるべき姿（教師のペース）に持ち込まなくてはならない」という「ある程度の教師主導もやむなし」という考えの正当化である。ゆとりのなさも一因となっているが、むしろ、教師と生徒は「教える—教えられる」という関係であるという固定概念に縛られているという印象が強い。授業を見ていても、学年始めは特に学習ルールを定着させる段階だということも関係しているが、生徒が活躍する場面になかなか出会えない、前を向いて話を聞いているだけ、という現状があった。学校は、「子どもを躾け鍛える場」であるだけでなく、「子どもも教師も共に学び育つ場」であるという教師の意識改革が不可欠だと感じた。

「生徒を主役に」

このような状況下で、少しずつ動き出した。わかりやすい目標は、関わる者すべてで共有することで効果が生まれる。そこで、「生徒を主役に」というスローガンを改めて最前面に打ち出した。何しろ、生徒も教職員も保護者も皆が望み、学校教育目標も、特徴的な施設も、すべてがそのスローガンに向かっているのだから。しかし、生徒の主体性を伸ばすには、主体的な活動を体験する以外に方法はなく、そのためには、上記のような教師の意識改革や環境整備が必要となる。そう簡単なことではない。

まずは目標の共有である。学校HPの校長挨拶のタイトルとし、PTA総会で話し、

ＰＴＡ広報紙でも以下のように訴えた。第三章第一節の、「理想を語る」ということであり、本校教職員にも自分事として受け止めてもらいたかった。

「学校の主役は生徒です！」（安居中広報紙AGO JUNIOR HIGH SCHOOL, No.18, 2019.7）

当たり前のことですが、今年度、あえて言い続けようと思っています。教員が主役ではない、保護者や地域の方でもない、視察団でもない、ましてや校舎でもない。義務教育修了に向けて、彼ら自身が、疑問を持ち、悩み、考え、ぶつかり、励まし合い、涙し、歓喜するなかで、自己を発見していくのです。我々教員は、激走する彼らの伴走を喜んで精一杯させてもらいます。力を合わせましょう。よろしくお願いいたします。

さらに、生徒会執行部と話をしていて、生徒の声を直接学校運営に反映させられないかと考えた。第二章で触れたように、生徒は、機会を与えられれば無限の可能性を見せてくれる。そこで、生徒たちの生活の中心である『風のひろば』の一角に、「校長室より」というホワイトボードのコーナーを設けた。私からのメッセージや、逆に生徒から校長へのメッセージや要望、質問、独り言などを自由に書いたりできるスペースとしたのである。

　平成三十一年五月二十九日の全校集会で、この設置の意図について説明し、第一回目は写真のように「わからない、できないは当たり前！」という、これも「生徒が主役」の授業を後押ししようという私からのメッセージを載せた。そして右側に生徒からのコーナーを設けたら、次の日にはもう写真のようにたくさんのメッセージが寄せられた。他愛もない独り言も多いが、なかには、「本の貸し出し期間を延ばして欲しい」とか、「質問の時間を欲しい」といった声が聞こえる。うれしいことに、昼の校内放送でも取り上げられ、「一年生もどんどん参加していくといいですね」というコメントまで添えられた。どんな意見もおろそかにすることなく、一つでも二つでも、場合によっては重ねて生徒の意見を聞きながら実現させてやりたいと思う。全校集会などで真摯に返していくことを続けている。

　第三章第二節「仕組みを整える」で、保護者会を三者懇談会に変更したことに触れたが、「校長

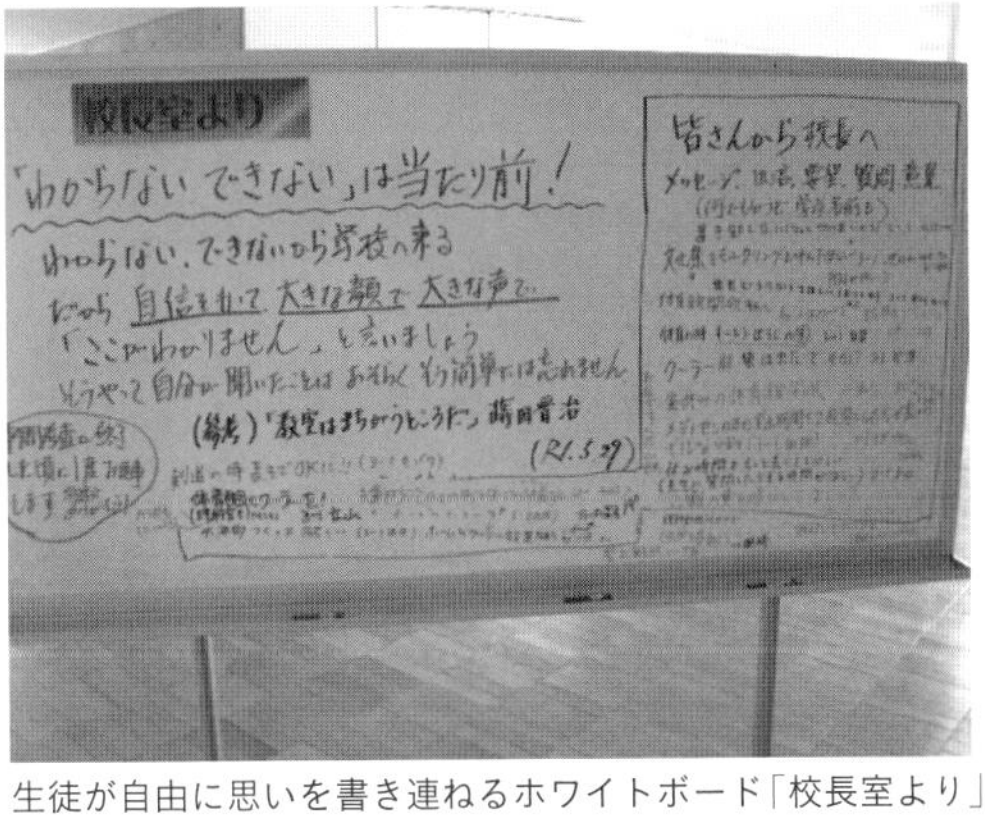

生徒が自由に思いを書き連ねるホワイトボード「校長室より」

室より」も「仕組みを整える」の一環である。

「生徒を主役に」は核となるコンセプトであるため、教職員全員で共有しておきたい。六月三日の校長通信で以下のように解説した。


「わからない、できない」は当たり前（Learning Compass, No.7, 2019.6.3）

私からの一回目のメッセージを「「わからない、できない」は当たり前」としたのは、前日の全校集会で、T教諭が「自分から質問しよう」「質問会は学習のきっかけづくり」という話をしてくれたからである。これは、「「放課後質問会」は何を目的として実施しているのか、生徒が理解していないと効果は半減する」ということを事前打合せで確認していた上でのことであり、その話に私も乗っからせてもらったというわけである。つなげていくことで効果は上がる（教職員みんなでやるととても良い）。

「学び」は、やりたくないのに強いられる「勉強」とは違う。修練が必要なことは重々承知だが、その動機が問題であると思う。どんないいことでも自分で求めない限りはどんな力もつかないことは多くの事例で実証済みで、逃避する子どもや裏表のある子どもを増やすのみである。学校では、学習動機や学習意欲を高めることをひたすら求めてほしい。教師が大きな声で丁寧に講義をし、生徒はうなずきながらひたすら板書をノートに書き写すというのは「学び」ではない。「生徒が主役」でなく教師が主役である。

学びへの転換の「こつ」の一つに、「知っていること、わかったこと」は生徒に聞かないことがある。単元最初の部分で学習課題を創りあげるときに、知っていることやわかったことをもとにすることなら大いに考えられるが、授業後半では聞かないことが望ましいと思う。私が生徒なら、他の生徒がわかったことを聞いたところで、やる気をなくすだけ、つまらないだけである。「わからないこと」を聞いて授業参加者（実質の）を増やしながら、「たぶん〜だろう」「〜かもしれない」という声を引き出し、「考えたいこと」「追究したいこと」につなげていく。これから求められる大切な力は「課題を見つけ出す力」あるいは「課題を創り出す力」である。その大切な部分を飛ばして、いくら教師が力説しても果たしてどんな力がつくのだろう。

（略）ちなみに、大村はまは、教師がよく口にしがちな「わかりましたか」は「禁句」だと断じている。全く同感である。

【参考文献】大村はま『新編　教えるということ』ちくま学芸文庫、一九九六年

校長通信は、機を逃さず、簡潔に、イメージしやすいように具体例から、といったこと

を意識して書いている。「生徒を主役に」という言葉は、令和元年度学校祭のスローガンの役割を果たし、九月には、生徒たちで見事な学校祭を創りあげた。生徒も教職員も目標を共有することで、一歩ずつ理想が実現していく。

ちなみに、新任校での校長通信は、私の人となりもわからないうちから思いの丈をぶつけても誤解を生む可能性があるので、前任校同様、最初は情報発信手段として発行を開始した。本号は、赴任して約二ヶ月経過しており、徐々に本音を書けるようになってきた時期である。

スクールプランもなるべくシンプルに

本校のスクールプラン（福井県では全公立学校で、学校や自治体の教育目標、地域・保護者の願い、子どもの実態、めざす子ども像・教師像、年間の重点目標、具体的な取組と数値目標等を図示して毎年度公開している）策定時（四月末）にも、前年度から引き継いだものをいくつか簡略化した。一点目は「めざす教師の姿」についてである。これまで「めざす生徒の姿」で挙げられている三点とは別に四点挙げられていたが、言葉遊びの感が否めなかったので「めざす生徒像の一歩前を歩く教師」とした。第二章で示したように、教師と子どもは相似形を成す。「探究」「創造」など教師も子どもと同じ方向性をめざす方がわかりやすいと考えた。二点目は、学習面、生活・行動面共に、「基礎基本」と「主体的・協働的活動」の二本柱としたことである。このことについては、学校通信第二号の巻頭言で「安居中学校が求めている二つのこと」として発信し、地域にも理解を求め、校長通信でも、次のように授業改善まで範疇に入れて補足した。

「Less is more.」（Learning Compass, No.6, 2019.5.29）

ドイツの建築家が二十世紀初頭に用いたのが最初らしいが、私は佐藤学先生や奈須正裕先生が用いているのを見聞きして、心に残っている言葉である。

教師は基本的に真面目であり、これを揶揄するつもりは毛頭ない。しかし、変に真面目すぎるところがある。新学習指導要領はご存知のとおり、「コンテンツ・ベース」から「コンテンツ&コンピテンシー・ベース」への転換で、内容的にはあまり変化がないので実感がないかもしれないが、実は「何ができるようになるか」を最重視し、「どうやって学ぶか」まで踏み込んだ大転換である。そこで意味を持つのが「Less is more.」であると思う。

実は、私は赴任以来二ヶ月間、こればかりを考え、言い続けているようなものである。スクールプランは、教師の姿を生徒の姿に合わせると同時に、「生徒が主役」を再度スローガンとして掲げてあちこちで表明し、実現のために、学習・生活両面で「基礎基本の徹底」と「問題解決的学習・生徒の自治活動の活性化」という二本柱として、重点目標や具体的取組を二割削減した。（略）

授業についても全く同様である。教科書の隅から隅まで習得しなければならないと誰が決めたのか。教科書の使用義務はあるが、網羅する義務はない。むしろ、思い切って取捨選択して、「生徒を主役」にした「主体的・対話的で深い学び」をさせてやりたい。一見少なく見えることを徹底的にやり遂げることによって、結果的により多くのことを豊かに学ぶことができる。これが「カリキュラム・マネジメント」である。「知識の量」は近未来社会では不要なので「効率的」である必要はない。求められているのは「知識の質」である。解決に値する本物の（authentic）課題に対して、調査し議論し解決し振り返って解決の意味を捉え直すといった学びにより「腑に落ちた」状態になり、その過程で用いられる「各教科等の特質に応じた物事を捉え思考する視点や考え方（見方・考え方）」が鍛えられる。この「見方・考え方」が他の単元の学習に転移して、より質の高い学習が展開されるのである。実は、結果的にこの方が時間も短縮される。

シンプルなプロジェクトの枠組みをつくる

「生徒が主役」というスローガンの共通理解はできた。次は中身である。実施してきている一つひとつの行事や催しは教育的意義がある。しかし、誤解を恐れず言うならば、目の前の行事を成功させることが優先された、場当たり的な指導に感じたのも事実であるし、本校の教職員からもそのような声を聞いた。これまでやってきたことを整理し、目標を定め、第三章第四節のように、今は何に力を入れる時期なのか、シンプルにしていくことが必要だと感じた。

そこで教務主任に、既存の行事を大事にしながら、本校の特色である特別活動の異学年交流や、道徳の時間での、行事内容と関連が深い価値項目の配置、総合的な学習の時間を使った調査・探究活動などをセットにしたロングスパンの活動を、年間二回程度組織してほしいとお願いした。

実際、例えば、例年六月中旬の福井市連合音楽会に向けて練習している太鼓の演奏の成果を小学生や地域の方々をお招きして披露する「ふれあい音楽会」、その前後には修学旅行や宿泊学習といった宿泊行事、「マラソン大会」や「ホタル観察会」、中体連の大会など、それぞれの行事をやり遂げるだけで精一杯の状態であった。そこで、令和二年度に向けて、九月の学校祭を生徒主体の特別活動の集大成と位置づけ、異学年交流をベースにした自主的・実践的な集団活動の一貫として、現在の各行事を選択・関連づけてロングスパンの活動とし、「サマー・プロジェクト」と名づけた。

学校祭後は、地域や社会につながり貢献する活動を、各学年の総合的な学習の時間を中心にして、「勤労」や「社会参画」といった価値項目での道徳の授業、公開研究会などでの発表・発信へとつないでいく「オータム・プロジェクト」を組織した。

これらをリーフレットにまとめ、それをたたき台として、職員の議論を促し、修正を繰り返した。第三章第一節で示した新学校構想シートと同様である。この提案と同日に、校長通信でも解説した。腑に落ちるまでじっくり考えて欲しかったからである。

同じことをやるにしても、分散させるのではなく、テーマ性を持たせてロングスパンの活動にすることによって、生徒にとって目的が明確になり、学習の手応えもあり、学びの効果も大きい。また、活動を発信する場の設定も併せて重要である（第三章第六節）。それがやりがいや自己効力感の高揚につながると期待する。次の段階では、テーマに沿った諸行事のスクラップが進められるだろう。

このような学校の教育方針や骨組みについては、語り合う場がなかった。管理職と教務による企画委員会で、職員会議に提出する資料を練ってはいたものの、それでは各学年や各担当間での共通理解が図られない。週に一回、企画委員会に生徒指導担当を加え、週行事の確認と気になる生徒の報告を受けていたが、ここでもグランドデザインは語られない。

そこで、企画委員会に生徒指導、研究主任、各学年主任を加えた「拡大企画委員会」を組織して時間割上に位置づけ、企画委員会は長期休業中のみの開催とした。実際は学年主任と各担当主任が重複していて六名である。この会で、これまで語られなかった（サマー／オータム）プロジェクトの原案や振り返り、授業研究についてまで語られるようになった。第三章第三節の「組織を機能化する」ことにあたる。

前述のような見極めと仕掛けを繰り返し、学校が少しずつ動き始めた。

その一つが第四章の校長通信で紹介した、二年生の「発信型職場体験学習」である。福井市教育委員会と連携したプログラムで、実行委員を中心に、調査・聞き取り、まとめ・プレゼン、履歴書作成、職場決定面接、事前見学、課題検討、職場体験、発信型報告会と続く。事業所とウィン・ウィンの関係を築き、社会参画型学力を培うプロジェクトである。長い道行きのなかで、課題を発見、解決しながら進んでいく。次は、職場決定面接についての校長通信である。事実をもとにして、生徒の学びや成長を伝えたい。

職場体験学習2　職場決定面接（Learning Compass, No.28, 2019.9.27）

昨日は、ロングスパンの発信型職場体験学習の体験場所を決める十一事業所の面接日。生徒たちはエントリーシートを書いて、希望する二業種の方から本物の面接を受ける。彼らにとっては、その職場に体験に行けるかどうかの真剣勝負の場であり、緊張の時間となった。

自己PRや志望動機、挑戦したいことについては皆大きな声でしっかりと受け答えができる。「笑顔が長所。笑顔でいれば、相手は悪い気持ちには絶対にならない」「部長をしており、責任感はあると思う。まわりのことを気遣い、フォローできる」「髪を切ってもらったときに店員さんが優しく話しかけてくれた。自分もそうなりたい」「将来飲食業に就きたい。どんな苦労があるか体験したい」といった感じである。自己PR、意気込み共に十分である。（略）

感心したのは、「職場では辛いことがいろいろあるけれど、どうやって乗り越えるか?」という質問に、笑顔やいろいろな話題を出してまわりを楽しませる、といった内容が多いなかで、「苦手なことでも、それは自分が成長できる場だと思うので、前向きにやりたい」という超前向きな発言があった。ちょうど、いろいろな問題が起きる中学校現場のミドルリーダーのようである。恐れ入った。

集団面接らしく、「動物を深く知ってもらうためのアイデアのなかにクイズがあったけど、足羽山動物園でどんなクイズを出すといいか、三分で三つ考えて、誰でもいいから発表してください」という質問に、ちゃんと相談して三人が一問ずつ「カピバラが水に入っている時間（M君）」「豚の睡眠時間（Nさん）」「ウサギの餌の種類（Tさん）」の三種類を提案する。偶然同じ面接に入ったのに、日頃から仲がよく、うまくコミュニケーションがとれている証拠である。（略）

個人的な話になるが、最後の組で「司会者になったつもりで、校長先生の誕生日を笑顔で祝う一言をお願いします」という問いに対して、「校長室より」のホワイトボードのこと、授業をよく見て回っていること、催しによく顔を出すこと、集会などの話が簡潔なこと（切実）などに対する感謝の言葉を、それぞれが前の生徒にかぶらないよう、考えを巡らして語ってくれた。これらはすべて私が日頃から意識していることなので、逆に、彼女たちはよく見ているものだと感心させられ、責任の重さを感じた。これも含めて実に意義深い面接本番となった。

学校全体にうねりが波及する

三年生は、当初は「地域貢献」を旗頭に、安居地区で行われる福井県指定無形民俗文化財「オシッサマのお渡り」というイベントに、ボランティアや太鼓演奏などで関わろうと計画していたが、行事成功が目的となりがちなので、これについては自主的なボランティア参加のみとした。替わって、小中合同の地域ボランティアを、計画から調整、実施までを三年生がリーダーとなってやり遂げるというプロジェクトとした。例年は教職員と一部の委員会主導で実施していたが、最高学年として下級生を取り仕切り、地域貢献を形にしようとしている。

このような流れのなかで、安居中学校として、あるいはそれぞれの学年として「テーマ」や、「学びの可視化」が必要だという声が挙がる。本校は巨大な学年毎の掲示板があるが、どちらかというと教師主導の行事報告で終わっている。この掲示板を、「○年度入学生」として固定し、三年間の学びが可視化できると、生徒も教師も学ぶ意義を実感できるのではないかという発想である。長期を見通した「テーマ設定」は難しいだろうという声も挙がるが、途中での微修正も可能だし、広いテーマの下部にまたテーマを加えればいいなど、前向きな発言がでる。職員会議で了承され、令和元年度「オータム・プロジェクト」から、少しずつ動きだした。

うれしいのは、「前年度まで〜だったから今年も……」という発言は影を潜め、むしろ「前年度まで〜だったから今年は……」という発言が教職員から次々と出るようになったことである。生徒が新たに企画・運営に参画していくことの意義を実感し、そのような学びに誘う教師の姿に思いを巡らせている。生徒と教師が同じ方向を見ることで、学校が動いていくことができるのであろうと思う。

第二節　「学校」という社会で生きる校長の楽しみ

教育は文系？　理系？

我々教師にとって、教育は職業で、学校は職場である。学校という職場は、他の職場と比べると、かなりいろいろなタイプの人が集う場だと感じている。言うまでもなく、すべての教科の専門家がそろっており、その教科のなかでも、例えば理科なら、物理、化学、生物、地学、さらに得意分野となればさらに分かれることになる。美術や音楽といった芸術の専門家もいるし、保健体育の専門家もいる。部活動の指導となれば教科を問わず、例えば、大学の体育会系部活動で名前を挙げたような人がいることもある。外交官が務まるほど外国語に堪能な人や発達障害の専門家もいる。司書教諭もいるし栄養教諭もいる。もちろん、教育心理学や教科教育法、教育評価などのいわゆる教育の専門家もいるし、義務教育を離れて高等学校の専門学科となれば、工業、商業、農業などの専門家が配置されている。

教育という分野は、理系とか文系とかいうカテゴリーでひとくくりにすることはできそうにない。そもそも教育に携わる人は、必ずしも教育学部出身者だけではない。ほとんどの学部で教員免許取得のための単位が獲得できる仕組みになっており、教育界自体も、民間人校長をはじめ、今さまざまな分野から人材を集めている。あらゆる専門家が集まる可能性のある非常に特殊な場所だと言えるだろう。もちろん、最近はどの職場も多様な他者との協働による新しいアイデア創出のために、一部の専門家だけの職場というのは少なくなっているようだが、学校は伝統的にその顕著な例と言えるだろう。

学校はさまざまな道に進んでいく人材を育成する場所で、教師はその請負人である。したがって、さまざまな分野の専門家が集まっているのは当然かもしれない。「学校」は単なる箱モノではなく、多様な専門分野の融合により、常に進化を遂げている社会の縮図そのものと言える。そのなかで学校文化が築かれる。したがって学校は構成メンバーによって独自の学校文化が生まれる可能性があり、教師は日ごろからそれらの方々に刺激を受けながら進化できる、きわめて魅力的な職業であると思う。

学びたがっている、教えたがっている

教師が毎日接している子どもたちはどうだろう。今このときはもちろん未熟ながら、可

能性にあふれ、好奇心旺盛で、我々教師から、あるいはそれにとどまらず目にするすべてのことから、いろいろなことを学ぼうとしている。学びたがっている。もちろん、生身の人間のことなので、四六時中そうであるとは限らないし、すべての子どもたちが理想的な環境にあるとも限らない。気持ちが乗らないときや、やる気はあっても状況が許さないときもあるが、生来、人は学びたがっている。

そして学校でそんな子どもたちを受け入れる我々教師は、自分の専門分野を中心にして、いろいろなことを子どもたちに教えたいと思い、この職業に就いた。学びたがっていて、教えたがっている。これが基本である。

市教委や校長会にも支えられている

しかし、学校教育は、子ども（その保護者や地域の方も含む）と教師だけで成り立っているわけではない。さまざまな方々に支えられている。特に市教委は、設置者として、学校設備や教育課程の管理、予算配当、服務監督など、管理的な多くのことを担っている。これらについて指導を受けて、校長は校務を司っている。しかし、四六時中「管理・管理」というわけではない。むしろ校長と良好な関係を築きながら、学校を支えてもらっているという印象が強い。コロナ禍にあっては、校長会の思いを聞き入れ、学校現場にマッチした対応をしてもらった。また、前述の発信型職場体験学習では、指導主事とキャリア教育コーディネーターの方が何名も何回も来校してくださり、一緒に案を練り、一緒に学習に参加していただいた。志を一にする同士のような関係である。

また、現教育長には、校長通信も読んでもらっている。リアルな生徒の学びを伝えられて安心できる。困ったことが起きてもすぐに相談できる関係である。

市や県の校長会にも支えられていると感じる。与えられた役割を果たす責務は当然あるが、同じ校長として些細な相談事でもできる雰囲気がある。特に中学校部会は、「働き方改革」の中心であり、協議したり共通理解したりする内容が多い。それらの過程で、ライバル関係ではなく、市教委同様、同志としての関係が築かれるのである。

校長の楽しみと、これからの管理職へのメッセージ

このように支えられながら、学びの場を取り仕切る校長職が、楽しくないわけがない。才能のるつぼの渦中にいる。特に校長通信を書きはじめてから、子どもや教師のさまざまな才能が以前より見えるようになってきた。彼らからいろいろなことを学びたいと思うようになった。自分はなんて魅力的な職場に身を置いているのだろうと思うようになった。

目の前の子どもたちも同様である。授業者や学級担任という立場から離れて授業や行事

を見ていると、想像以上に学びたがっている子どもたちに出会う。そして成長を遂げている瞬間に出会う。大げさではなく、彼らは将来の日本、いや世界の発展と平和を担っている。そんな子どもたちと夢を語ること、いや、夢を語る教師を育むこと、さらに、夢を語ることのできる学校を創ることの喜びは何物にも代えられないだろう。

一定の成果は、私は卒業式での「卒業生答辞」に表れると思っている。中学校の答辞と言えば、修学旅行、学校祭、部活動の三本柱と相場が決まっている（ところが多いと思う）。私は、これまでの勤務校で、答辞で授業のことを語らせようと言い続けてきた。といっても、当人が思い出に残るような価値ある授業に出会わなければ、大切な場で口に出すはずもない。前任校、前々任校では、それが素晴らしい形で達成された。こんなに喜ばしいことはない。是非本校でもそうあってほしいと願い、そのような授業を創り出そうと教職員に呼びかけている。

一方、のんびりと気楽にやれるようなものではなく、「判断・決断」には「責任」が伴う。どの職種の管理職も同じである。しかし、この責任の重さも楽しみたい。責任が付きまとうからこそやりがいもあるというものであろう。

校長はコンピュータでもスーパーマンでもない。だから、綿密に考えたつもりでも間違うこともある。試行錯誤、紆余曲折は教育の道には欠かせない。そもそも「唯一の正解」

は存在しないと考えた方がよい。答えの見えない難題に常に対峙しているのである。しかし、学校内外には仲間がいる、応援団もいる。皆でまた乗り越えていけばいい。それも楽しみなのである。子どもは、教師自身が感じている楽しさやワクワク感に憧れ、引き込まれ、そして離れて、未来社会へ巣立っていく。そして教師は、生徒の成長を目の当たりにすることで成長していく。校長はそんな彼らを支えている。

これから管理職を目指す皆さんに、第五章第五節で紹介した言葉、ルイ・アラゴンの「教えるとは希望を語ること　学ぶとは誠実を胸に刻むこと」を贈り、物語りを終えることとする。

解説

これからの校長への期待と希望

秋田喜代美

新任校での第一歩

本章では、牧田先生が新しい学校に異動し、新任校で校長として舵を取る様子が描かれています。私は次のような点に注目しました。

それは学校の創立の経緯を振り返って理念を見極めることです。今その場で学んでいる生徒や保護者、教師たちの他に、学校にはそれぞれその地につくられた経緯やねらいがあり、その地域ならではの歴史とともに歩み続けてきた現在の姿があるはずです。鷹の目と蟻の目の使い分け、という言葉がありますが、牧田先生はまさに俯瞰的な眼差しでその学校のこれまでの歴史とこれからの未来を見極めようとされています。そしてその一方で、今そこで学校生活を過ごしている生徒や保護者、教職員それぞれから細やかに声を聴く、という眼差しを持っておられます。

そうすることで校長自らが、自分の目で、学校のよさを発見しています。もちろん前任校長からの引継ぎやその学校のそれまでの評判もあるでしょう。でもそれだけではなくご自身で発見をされています。牧田先生の新任校では、それは教師の生徒に対する目のかけ方の丁寧さでした。どんな学校にも課題はかならずあるものです。しかし、校長自らが発見した学校のよさとして、牧田先生はそのことを前向きに学校全体が変わってゆくための的確なきっかけにしています。

学校の課題の捉え方にも前向きな視点があります。生徒の消極性を取り上げていますが、改善すべき、目立つ問題であるというよりも、この学校の生徒はこうありたいと生徒会の活動方針に掲げられた姿に照らしての残念な点として見つけ出しています。

この学校が掲げる「生徒を主役に」というスローガンはよくあるものですが、そのためにあるべき環境を具体的に整備し、目標の共有につなげています。ＰＴＡ広報紙やホームページで「学校の主役は生徒です！」と宣言するだけではなく、ホワイトボードを設置して生徒とメッセージを交換できるようにし、保護者会を三者懇談会に変えることで、掲げた目標や価値を実現するための具体的に行動変容のための環境を創り出されています。

学びは教師が生徒に一方通行で伝達するのではなく、学びの環境に子どもたち自身が主体的に関わり、みずから学びを深めてゆくこと、そのための環境のデザインが大切だと言われます。まさに牧田先生の工夫そのものだと言えるでしょう。

タイムマネジメントの価値

校長が言語的に目標や指令を発するリーダーではなく、行動するリーダーになることで、学校の雰囲気が変わってゆきます。そして牧田先生の行動の特徴はやはり校長通信によく現れています。OECD Education 2030に掲げられた新しい学びの枠組みを表す象徴的な言葉「ラーニング・コンパス」をそのままこの学校で発行する通信のタイトルとしたこと自体が、自分ひとりが行動するのではなく、仕組みをつくることで学校全体で変わってゆこう、この通信をそのための羅針盤にという考え方をよく表現しています。

そして実際、「つなげていくことで効果は上がる」という言葉どおり、T教諭の「自分から質問しよう」という言葉を通信に拾い上げ、校長自身の言葉でT教諭の言葉を取り込んで価値づけ、他の教師にも伝えてゆく機を逃さない。校長ひとりのリーダーシップの言葉だけではなく、ほかのさまざまな教師の言葉や生徒の姿を取り込んでいく巻き込み力によって、ゆっくりと確かに輪をつないでいっておられます。

学校生活の日々の営みを変えてゆくことと共に、なるほどと思わされたのは、ロングスパンのカリキュラムを変えてゆくことです。どちらかというと断片的に行われがちだった活動に、「サマー・プロジェクト」などの名前をつけ、生活のリズムをつくってゆくことにつなげています。これは、牧田先生が前任校のときから、実は彼が研究主任であったときから考え取り組んできた知見が活かされた工夫です。

ここでも、学校全体を、生徒自身が学びの連続性をもって生活できるようなシステムにしてゆこうという俯瞰的な眼差しがあります。バラバラになされていた行事をロングスパンに位置づけ直すことで、小刻みの活動で置いてきぼりにされがちだった子どもたちも、ゆったりとした見通しと明確な目的を持って行動でき、ついて行くことができます。なんでも呑み込みが早い生徒もいれば、ゆっくりやればできるという生徒もいます。できる限りどの生徒もできるように、また教師も時間に追われないよう見とおしと意味を理解するためには、時間の区切りを変えることが大事になります。すなわち、ここにタイムマネジメントの視点があります。

学校に流れている時間の枠組みを変え、同時に学校組織にさまざまな人が関われるようにすることでより機能的な組織に変えてゆく。そうやって有機的に人がつながった組織は、学校を閉じた場ではなく、外部の方も含めていろいろな人とつながる場に変えてゆくことができるのです。総時間は変わらなくてもそこでの区切りを見直すことが意味を持つイノベーションと言えます。

多くの学校で実践されている職場体験ですが、本章の校長通信に描かれた様子から、校長自身がその活動をよく見ていること。どう見ているかを価値づけて発信し、言葉化することによって当該学年だけでなく他の学年の教師にまで共有できるようにしていることがよくわかります。そんな校長のことを実は生徒もよく見ていた、という面接での微笑ましいエピソードは、生徒との距離がこんなにも近い牧田先生だからこそ、こういった通信を書き続けることができるのだと知らされます。そして校長が生徒や教師を見る以上に、実は生徒や教師もそうした校長の姿をよく見ていると言えるでしょう。

　長期的な教育課程を設定することにはどこの学校も取り組んでいますが、ロングスパンのプロジェクトに位置づけることで年間のリズムができ、そこで生まれた生徒の学びの連続性が校長通信の言葉によって可視化され、共有されることで学校全体のうねりが生まれてくる。ここには単元単位のカリキュラム・マネジメントよりもさらに大きな視点に立った中等教育ならではの良さがよく現れています。

未来をひらく「物語る校長」

　新しい学校に着任した校長がまずどこから手を付けるのか。それによってどんな信頼を得てゆくのか。牧田先生の奮闘にはたくさんのヒントがあります。

　フィンランドの校長は、教育委員会と学校とに半分ずつの期間身を置き、二つをつなぐ役割を果たしているとOECDのアンドレアス・シュライヒャー局長との対談で聞いたことがあります。牧田先生の姿勢にも同じような視点を感じることができます。生徒や教師という内部の人材がいかに生き生きと活躍できるようにするかを考えるだけでなく、市教委や校長会など外部とのつながりを意識し、内と外をつなぐハブ的な役割、インターフェイスとなることにきわめて自覚的です。単に教育委員会とつながっているばかりか、校長通信を届けて読んでもらえるようにしているところが牧田先生のすごいところ。通信に対する強いこだわりが垣間見えます。もちろんそのためには、校長通信がおもしろく外の人にも意味ある内容となっているということが大前提であるのは言うまでもありません。

あらためて繰り返しにはなりますが、学校の学びのサイクルをまわす原動力としての牧田先生の校長としてのありかたをまとめてみます。

まず校長自身が学校という、人と人が新たに出会う場へのリスペクトがあり、楽しんでおられます。生徒と出会うのはもちろんですが、多様な専門性をもった教師と出会い、彼らの魅力を引き出すことを心がけています。具体的には、記録を取ること。視点を決めて観察し記録することによって学校のなかがよりよくみえ、問題意識も明確になってきます。それを伝え、分かち合うことで対話が生まれ、学校全体のあるべき姿を考える校長の視点が子どもたちにも教師たちにも伝わって対話を交わし合うきっかけが生まれてゆきます。そしてそれを楽しんでいる牧田先生の姿は、未来の管理職への魅力的なメッセージになっていることでしょう。

今教員の採用自体が減少し、なかでも多くの責任が問われる管理職を志す教師の割合が減っています。しかしたいへんな仕事だからこそ、多様な出会いがあり、学校という場の魅力をスポークスマンとして発信する楽しみがある。それが牧田先生が体現している「物語る校長先生」の姿ではないでしょうか。

物語ることによって、共感者が生まれ、いろいろな人を巻き込んだ大きな夢と希望の共有が生まれます。他者に向けられた希望（Other-oriented hope）という言葉があります[1]。校長が自分のしたいようにするのではなく、生徒や教師が育ちあうことへと向けられた希望を互いにもつ学校が生まれていくのです。具体的なアクションが起きてゆき、学校という学び舎は膨らみ、動いてゆく。学校という建物のなかで生まれる物語りや展望そして希望を共有することは保護者や地域からの信頼の絆の形成につながり、生徒ともつながった学校づくりができてゆく。他者へ向けられた希望を「物語る校長」が実現する、そんな学校の姿が見えてきます。個別最適な学びと協同的な学び、すべての子どもたちの可能性を引き出す学校、というのが令和の日本型学校教育として掲げられています。本書に描かれた牧田先生の営みは、一人ひとりの教師の営みを見つめ、通信を通して魅力を価値づけ、紹介し、見える化することで、一人ひとりの生徒の可能性を引き出すことを学校全体で実現してゆこうとする一つの道を示してくれます。

牧田先生との出会いは、研究主任でいらした今からおよそ二十年前にさかのぼります。そのころの牧田先生はあくまでひとりの教師という立ち場から、そして若手研究主任として、生徒と教師とをつなぐ物語りを、たくさんの夢とそれを支える具体的な授業での姿を、私に語ってくださいました。その後、管理職として校長の道を歩まれることで、その語りは学校の物語り、これからの日本の教育の姿の大きな夢へと膨らんでゆきました。その伴走者、生涯を教師として生きる旅の同行者として、私自身がたいへん貴重な経験をさせていただきました。本書を読んでくださった方のなかから、牧田先生と同じ目線に立って、その道をゆこう、学校づくりをやってみようという方が出てくること。管理職のなかから、そしてさらには二十年前に若手やミドルだった牧田先生と同様に、現在の若手の先生のなかからひとりでも多く出てくることを願って、私のエピローグを締めくくりたいと思います。

注・参考文献

[1] Andrew J. Howell, *Understanding Other-Oriented Hope: An Integral Concept Within Hope Studies*. Springer, 2015.

おわりに

学校の教育力は、教師の資質・能力にかかっていることは言うまでもない。しかし、教師に求められる資質・能力は、単に複雑であるだけでなく、時代と共に変わっていく。教育リーダーに求められる資質・能力も同様である。自身の経験知に留まっていたら、新しい時代を拓くことはできない。今回の執筆は、これまでの経験を振り返り、これから求められる教育リーダーシップについて考えなおす貴重な機会となった。

秋田喜代美先生と私の共著は、『教える空間から学び合う場へ　数学教師の授業づくり』（東洋館出版社）に次いで、九年ぶりの刊行となる。秋田先生とは授業づくりや学校づくりから、これからの世界の教育の在り方についてまで、長期にわたってさまざまな話題について語り合ってきた。今回の刊行は、私の通信がきっかけとなった。そこから変革の主体としての教育リーダーの価値観やビジョンを創出・醸成し、それらを学校内外と共有すること、具体的な組織や教育課程の構築と評価、公教育の牽引者としての責任そして魅力にまで内容が広がり深まった。しかし、そのなかでも、「魅力ある、学び合い育ち合う場をつくる」という筋は一貫していたように思う。多方面で多忙を極める秋田先生との共著の実現は感無量であり、感謝の気持ちでいっぱいである。

物語りの中心は、勤務校の生徒や教職員、保護者、その他私に関わるさまざまな人たちである。つくづく、素晴らしい師や仲間や生徒たちに恵まれたものだと思う。そのなかでも、私のルーツとも言える、笠島清治先生、山下忠五郎先生、渡辺本璽先生のことを紹介できたことは喜びに堪えない。また、公立中学校、国立大学附属中学校・義務教育学校、教育行政などで知り合った方々からも、考えるきっかけをいただいた。福井大学連合教職大学院の方々には、長期に渡ってご支援いただいている。多くの方々との出会いのおかげで今の私があるし、私が校長を務める現任校がある。長い道行きを振り返りつつ、その瞬間に感じたことを見逃してはならないことを学ばせてもらった。

現任校の福井市安居中学校は、本文執筆後も大きなうねりが続いている。令和二年度の研究主題は「Agencyを育む学び～共に創るプロジェクト学習～」で、コロナ禍にあっても、感染防止に最大限努めて公開研究会を開催した。挨拶や研究概要説明は省き、全校生徒に教職員有志が加わった体育館でのポスターセッションで、多面的に学校の取り組みを紹介した。授業研究会には前年度同様、授業を受けた生徒たちも全員参加して、参観教師たちと一緒に授業について語り合った。これらのバックグラウンドとして、生徒が職員会議で学校祭などの行事を提案するシステムが機能してきたことが挙げられる。生徒たちがさまざまな場面で学校運営に参画しているのである。残念ながらコロナ禍で、地域の方々の参加までには至っていないが、次のターゲットも見えてきたところである。このような

「共に創る」取り組みは、何より生徒たちのやる気を生み、生徒たちに教職員が感化される場面も多く見られている。私はそれらの価値を私なりに校長通信に書き続けているのである。

最後になりましたが、左右社の東辻浩太郎さまには、我々の話を聞き取り、原稿を丁寧に読み取って構成をご提案いただき、この厳しい状況下で刊行まで導いてくださいましたこと、厚く感謝申し上げます。

令和三年三月　牧田秀昭

32. 2年理科の挑戦（10月21日）
33. 2学期生徒会リーダー研修会（10月23日）
34. 全日本中学校道徳教育研究大会公開授業より（10月28日）
35. 2年国語科公開授業（11月8日）
36. 考えながら話をするということ（11月11日）
37. 「赤ちゃんだっこ体験学習」のポスターセッション（11月12日）
38. 大学入試共通テストについて（11月13日）
39. 「安居カフェ」第2弾「玉ねぎ染め」（11月14日）
40. 最近の視察より（11月18日）
41. 11月20日版「研究実践集録」（11月22日）
42. 「生徒が主役」の公開研究会（11月25日）
43. 令和2年度に向けての協議会（12月2日）
44. 「発信型職場体験学習」報告会（12月3日）
45. PISA2018結果公表（12月6日）
46. 学習評価の在り方について（12月13日）
47. 読書の勧め（12月20日）
48. この9ヶ月間（12月23日）
49. 隠岐島前教育魅力化プロジェクト（1月14日）
50. 親子道徳「郷土を愛する心」（1月24日）
51. 国立教育政策研究所文教施設研究講習会（1月31日）
52. 社会に開かれた教育課程（2月6日）
53. 実践研究福井ラウンドテーブル2020 Spring Session S×3（2月17日）
54. 「カンカンで、誰かの手が止まりましたか」（2月18日）
55. 令和元年度を振り返る（3月5日）
56. 生徒をリスペクトすること（4月6日）
57. 授業動画配信開始（4月13日）
58. 2年数学科の授業がスタート（6月2日）
59. 令和2年度前期生徒会立会演説会（6月4日）
60. 「Ago Kaseki Museum」&「ホタル観察会」（6月10日）
61. 「当たり前」を疑うこと（6月12日）
62. 安居維新（6月18日）
63. ACS（Ago Community Session）（6月22日）
64. 実践研究福井ラウンドテーブル2020 Summer Sessions（6月23日）
65. 飛躍の会（7月6日）
66. 生徒会が職員会議で提案（7月9日）
67. 中学3年国語科「握手」（7月21日）
68. 中学3年国語科「握手」その後（7月27日）
69. 概念崩し（7月31日）
70. 3年英語科「防災」（8月20日）
71. 隠岐島前高等学校のオンライン授業（8月24日）
72. 1年理科公開授業「ミョウバンの結晶をつくろう」（8月26日）
73. High Tech High（9月2日）
74. 生徒自治活動（9月10日）
75. 生徒手作りの学校祭1（9月14日）
76. 生徒手作りの学校祭2（9月17日）
77. あいさつ（9月29日）
78. 安居中の武器（10月6日）
79. My Learning（Summer Project Ver.）（10月14日）
80. 1年生自立活動（10月23日）
81. 一人三役の一級建築士（10月26日）
82. 3年国語科「故郷」（10月30日）
83. 2年数学「エコを考える」（11月12日）
84. 100点はうれしいか悲しいか（11月13日）
85. 1年社会「中世の政治の流れを考える」（11月16日）
86. 1年理科「光の反射」（11月19日）
87. 「GIVE&TAKE」から「WIN-WIN」へ（12月1日）
88. 第3期福井県教育振興基本計画（12月10日）
89. 「曙覧さんの歌と生きる姿」（12月11日）
90. Bridge～おかえりなさい安居！プロジェクト～（12月14日）
91. 特別支援学級の挑戦（12月18日）
92. 第6回職員会議（12月24日）
93. 生徒の声から（1月14日）
94. 大雪を振り返る（1月20日）
95. 中教審答申「『令和の日本型学校教育』の構築を目指して」（1月28日）
96. インターンシップ・プロジェクト（2月2日）
97. 流星の集い（2月15日）
98. 「OECD Education 2030プロジェクトが描く教育の未来」（2月26日）
99. My Learning 2021 春（3月1日）
100. 「校長室より」（3月3日）

128. 8年B組数学科公開授業(11月12日)
129. 8年C組社会科公開授業(11月14日)
130. 9年A組国語科公開授業(11月15日)
131. 9年B組理科公開授業(11月20日)
132. 6年1組算数科公開授業(11月21日)
133. 7年A組保健体育科公開授業(11月22日)
134. 7年B組音楽科公開授業(11月26日)
135. 9年C組英語科公開授業(11月28日)
136. 授業中は指導案を忘れる(11月29日)
137. 第1回義務教育学校教育研究集会(12月3日)
138. これからの附属学校在り方を考える協議会(12月11日)
139. 現実の問題を考えるということ(12月17日)
140. OECD日本イノベーション教育ネットワーク第2回研究会1(12月25日)
141. OECD日本イノベーション教育ネットワーク第2回研究会2(12月26日)
142. 9年生美術科卒業制作展『15歳の「私」』(1月16日)
143. 児童生徒の学習評価の在り方について(これまでの議論の整理から)1(1月18日)
144. 児童生徒の学習評価の在り方について(これまでの議論の整理から)2(1月21日)
145. 義務教育学校懇談会(1月28日)
146. 1年1組社会創生プロジェクト科公開授業(1月30日)
147. 実践記録について(2月6日)
148. 実践研究福井ラウンドテーブル2019 Spring Sessions(2月20日)
149. 7年生数学空間図形の授業参観(2月26日)
150. 平成30年度後期全校研修会(3月8日)
151. 平成30年度第56回卒業式(3月12日)
152. 第8学年修学旅行「職業」(3月18日)
153. 第8学年修学旅行「職業」2(3月19日)
154. これからの学校／教室の魅力(3月20日)

「Learning Compass」福井市安居中学校　校長通信　2019年〜2021年

1. 東村教育長より(4月15日)
2. 平成31年度全国学力・学習状況調査(5月7日)
3. 第1回全体研究会(5月8日)
4. 福井県中学校長会研究大会(5月13日)
5. 全校一体型教科センター方式(5月24日)
6. Less is more.(5月29日)
7.「わからない、できない」は当たり前(6月3日)
8. 第3回全体研究会(6月5日)
9. ホタル観察会(6月11日)
10. 第4回全体研究会(6月18日)
11. 2年生社会科の授業参観 江戸幕府の政策(6月24日)
12.「石川県の教育方法を知って福井の学力と比較しよう」(6月25日)
13. TALIS 2018結果より(6月26日)
14. 全校道徳「生きているのはなぜだろう」(6月28日)
15. 保健体育科提案授業「現代的なリズムダンス」(7月3日)
16. 思い出語ろう会(7月10日)
17. 第6回職員会議「思い出語ろう会」振り返り(7月11日)
18. 職場体験学習スタート(7月16日)
19. 植松努さんのこと(7月17日)
20. 教師たちの夏休み(7月19日)
21. A new English teacher came to our school.(8月29日)
22. プロジェクト学習を目指す(9月3日)
23. 令和元年度学校祭「麗輪—みんなで創る学祭—」1(9月10日)
24. 令和元年度学校祭「麗輪—みんなで創る学祭—」2(9月11日)
25. 令和元年度学校祭「麗輪—みんなで創る学祭—」3(9月12日)
26. 視察者の声(9月25日)
27. 1学期期末考査問題より(9月26日)
28. 職場体験学習2 職場決定面接(9月27日)
29. F高校数学科公開授業(10月7日)
30. 3年英語科公開授業(10月9日)
31. 1年社会科公開授業(10月18日)

61. 学校評価（6月7日）
62. 国語科 教育課程研究会（6月8日）
63. 美術科 教育課程研究会（6月14日）
64. 保健体育科（保健）教育課程研究会（6月19日）
65. 授業を見ること1（6月22日）
66. 授業を見ること2（6月23日）
67. 授業を見ること3（6月27日）
68. 前期中間考査問題より（6月30日）
69. 学校見学会の実施（7月10日）
70. 自己研鑽（7月19日）
71. 1単位時間を越えて（7月28日）
72. 教育実習で教育効果を上げる（8月25日）
73. 平成29年度全国学力・学習状況調査より（8月30日）
74. 国立教員養成大学・学部、大学院、附属学校の改革に関する有識者会議報告（9月6日）
75. 教育実習生の授業から2（9月13日）
76.「OECD生徒国際イノベーションフォーラム2017」報告in文化祭（9月19日）
77. サウジアラビアより（9月27日）
78. 後期課程教育実践研究会より（9月29日）
79. 学校における働き方改革に係る緊急提言（10月13日）
80. H29 全附連副校園長会 in 宮崎市（10月27日）
81. 鼎談深志（11月2日）
82. 協働探究カリキュラム（11月17日）
83. 協働探究カリキュラム2（11月21日）
84. 協働探究カリキュラム3（11月22日）
85. 義務教育学校公開研究会 with WALS（12月1日）
86. PISA2015協同問題解決能力調査結果（12月9日）
87. 義務教育学校府中学園（12月12日）
88. 第14回研究開発学校フォーラム（1月16日）
89. 編入学生参加授業（1月17日）
90.「働き方改革」に関する私見（1月22日）
91. 理科公開授業「防災研究プロジェクト」（1月30日）
92. イマージョンこの1年（2月1日）
93. 文字にするということ（2月16日）
94. 実践研究福井ラウンドテーブル2018 Spring Sessions（2月19日）
95. 高等学校学習指導要領公表（2月21日）
96. 横浜市立義務教育学校霧が丘学園（2月28日）
97. 社会科公開授業「国際協力とは」（3月1日）
98. 義務教育学校初年度決算1（3月19日）
99. 義務教育学校初年度決算2（3月20日）
100. 第1回 To Fukui インバウンド政策アイデアコンテスト（4月6日）
101. 授業開き（4月12日）
102. 運動部活動の在り方に関する総合的なガイドライン（4月16日）
103. 平成30年度全国学力・学習状況調査（4月18日）
104. GWが始まります（4月27日）
105. 平成30年度前期生徒総会（5月7日）
106.「紅葉が色づく瞬間を見た人はいない」（5月17日）
107. 全校研修会（5月18日）
108. OECD Education2030 7th Informal Working Group（5月28日）
109. 平成30年度全附連・教大協　附属学校連絡協議会（6月4日）
110. 平成30年度前期音楽集会（6月8日）
111. 愛校心（6月18日）
112. 技術科教育課程研究会（6月19日）
113. 平成30年度前期中間考査問題より（6月22日）
114. 平成30年度第1回学校見学会（6月26日）
115. AI時代（6月29日）
116. 第1回シンガポール研修 1（8月6日）
117. 第1回シンガポール研修 2（8月7日）
118. 平成30年度三県附中交歓会（8月20日）
119. 義務教育学校懇談会（8月23日）
120. 平成30年度体育祭（9月5日）
121. 教育実習生の授業より（9月13日）
122. 平成30年度文化祭（9月18日）
123. 平成30年度前期期末考査問題より（10月2日）
124. 第33回時事通信社「教育奨励賞」受賞校より（10月4日）
125. 県立高志中学校探訪（10月15日）
126. 県立高志中学校探訪2（10月16日）
127. 8年A組美術科公開授業（11月5日）

「Professional」福井大学教育学部附属義務教育学校　副校長通信　2016年～2019年

1. 今 日本の教育は何が問題なのか（6月17日）
2. 社会に開かれた教育課程（6月20日）
3. 「主題・探究・表現」の枠組み（6月23日）
4. 義務教育学校設置に向けて（6月27日）
5. 之を知る者は之を好む者に如かず 之を好む者は之を楽しむ者に如かず（6月29日）
6. 「論点整理」その後（7月1日）
7. 附属中勤務のいいところ（7月7日）
8. 「過去は変えられる」実践記録について（7月12日）
9. 夏をどう過ごすか（7月19日）
10. 「探究」をどう捉えるか（8月22日）
11. 学習指導案（展開案）（8月24日）
12. これから求められる資質・能力（9月5日）
13. 生徒指導3機能の再評価（9月8日）
14. 学習評価（9月12日）
15. 教育実習生の授業より（9月15日）
16. 学校文化としての3年生学級演劇（9月20日）
17. 学習評価2 定期考査で何を測るか（9月21日）
18. 義務教育学校設置に向けて2（9月26日）
19. 中学生と部活動（9月30日）
20. 中学生と部活動2（10月3日）
21. 中教審教育課程企画特別部会ヒアリング開始（10月12日）
22. 附属中生徒会回顧（10月20日）
23. 全附連副校園長会より（11月1日）
24. 全附連副校園長会より その2（11月4日）
25. 福井大学教職大学院は何が優れているのか（11月8日）
26. 福井大学教職大学院は何が優れているのか 2（11月17日）
27. JICA教育視察in福井大学（11月21日）
28. 北陸四県数学教育研究大会公開授業より（11月24日）
29. 今の授業はいくらですか（11月29日）
30. 保健体育科後期公開授業（12月1日）
31. 研究集会と研究紀要はなんのためにあるのか（12月5日）
32. 美術科後期公開授業（12月12日）
33. 社会科後期公開授業（12月15日）
34. よいお年を（12月21日）
35. 中教審答申（1月10日）
36. 坂井地区の研修会に参加して（1月13日）
37. 根っこを考え合う（1月17日）
38. 数学科後期公開授業（1月20日）
39. 伊賀白鳳高校陸上競技部（1月25日）
40. 家庭科後期公開授業（1月26日）
41. チョーク&トーク（2月2日）
42. SASA2016（2月8日）
43. 「核となる学び」と「見方・考え方」（2月14日）
44. 学びの価値を捉える（2月16日）
45. 実践研究福井ラウンドテーブル 2017 Spring Sessions（2月20日）
46. 義務教育学校設置に向けて3（2月24日）
47. 「探究するコミュニティ」を実現する学年プロジェクト（2月28日）
48. 宮崎校長名言録（3月6日）
49. 平成29年度前期生徒会立会演説会（3月8日）
50. 平成28年度はどんな1年であったか（3月17日）
51. 教員の意識改革（4月12日）
52. 今何を学習しているのか（4月19日）
53. 「対話を通して、他者と共に新たな価値を生み出す子」（4月25日）
54. 「対話を通して、他者と共に新たな価値を生み出す子」2（4月27日）
55. 附属で勤務できること（5月1日）
56. 学年プロジェクトの意味（5月17日）
57. 大学入試改革と高校入試改革（5月22日）
58. 学級経営（5月29日）
59. 教科担任（5月30日）
60. 技術科 教育課程研究会（6月1日）

子どもの学び・授業づくり

秋田喜代美『学びの心理学』左右社、2012年
秋田喜代美『子どもをはぐくむ授業づくり』岩波書店、2000年
秋田喜代美＋キャサリン・ルイス『授業の研究　教師の学習』明石書店、2008年
稲垣忠彦＋佐藤学『授業研究入門』岩波書店、1996年
今井むつみ『学びとは何か』岩波新書、2016年
金子奨『学びをつむぐ』大月書店、2008年
木村優＋岸野麻衣（編著）『授業研究』新曜社、2019年
斎藤喜博『授業』国土社、2006年新装版
牧田秀昭＋秋田喜代美『教える空間から学び合う場へ』東洋館出版社、2012年

学習指導要領解説

合田哲雄『学習指導要領の読み方・活かし方』教育開発研究所、2019年
高木展郎＋三浦修一＋白井達夫『新学習指導要領がめざすこれからの学校・これからの授業』小学館、2017年
無藤隆（解説）『学習指導要領改訂のキーワード』明治図書出版、2017年

啓発書

植松努『「どうせ無理」と思っている君へ』PHP研究所、2017年
大村はま『灯し続ける言葉』小学館、2004年
加藤諦三『アメリカインディアンの教え』ニッポン放送プロジェクト、2000年改訂版
河合隼雄『子どもと学校』岩波新書、1992年
苅谷夏子『優劣のかなたに』筑摩書房、2007年
外山滋比古『思考の整理学』ちくま文庫、1986年
松下幸之助『道をひらく』PHP研究所、1968年
諸富祥彦ほか『これからの学校教育を語ろうじゃないか』図書文化社、2015年
矢口高雄『蛍雪時代―ボクの中学生日記』講談社、1992-93年
ジム・コリンズ＋ジェリー・ポラス（著）山岡洋一（訳）『ビジョナリー・カンパニー』日経BP社、1995年
E・ウェンガー＋R・マクダーモットほか（著）野村恭彦（監修）櫻井祐子（訳）『コミュニティ・オブ・プラクティス』翔泳社、2002年

これからの教育リーダーのための図書50選

世界の教育事情・学力問題

アンドレアス・シュライヒャー（著）OECD（編）鈴木寛・秋田喜代美（監修）『教育のワールドクラス　21世紀の学校システムをつくる』明石書店、2019年
石井英真『未来の学校』日本標準、2020年
井庭崇（編著）『クリエイティブ・ラーニング』慶應義塾大学出版会、2019年
上田正仁『東大物理学者が教える「考える力」の鍛え方』PHP文庫、2017年
佐伯胖『新版　「わかる」ということの意味』岩波書店、1995年
佐伯胖『「学び」を問い続けて』小学館、2003年
白井俊『OECD Education2030プロジェクトが描く教育の未来』ミネルヴァ書房、2020年
奈須正裕『「資質・能力」と学びのメカニズム』東洋館出版社、2017年
OECD（編著）無藤隆・秋田喜代美（監修）『社会情動的スキル』明石書店、2018年
P・グリフィン＋B・マクゴー＋E・ケア（編）三宅なほみ（監訳）『21世紀型スキル』北大路書房、2014年

教師の学び・成長

アンディ・ハーグリーブス（著）、木村優＋篠原岳司＋秋田喜代美（監訳）『知識社会の学校と教師』金子書房、2015年
大村はま『新編　教えるということ』ちくま学芸文庫、1996年
鹿毛雅治『子どもの姿に学ぶ教師』教育出版、2007年
佐藤学『専門家として教師を育てる』岩波書店、2015年
佐藤学『教育の方法』左右社、2010年
佐藤学＋秋田喜代美＋志水宏吉＋小玉重夫＋北村友人（編）『岩波講座　教育　変革への展望1-7』岩波書店、2016-17年
佐伯胖＋藤田英典＋佐藤学（編）『学びへの誘い』東京大学出版会、1995年
ドナルド・ショーン（著）佐藤学＋秋田喜代美（訳）『専門家の知恵』ゆみる出版、2001年

学校づくり

荒瀬克己『奇跡と呼ばれた学校』朝日新書、2007年
木村泰子『「みんなの学校」が教えてくれたこと』小学館、2015年
工藤勇一『学校の「当たり前」をやめた。』時事通信社、2018年
斎藤喜博『学校づくりの記』国土社、1990年
苫野一徳『「学校」をつくり直す』河出新書、2019年
福井大学教育学部附属義務教育学校研究会＋秋田喜代美『福井発プロジェクト型学習』東洋館出版社、2018年
福井大学教育地域科学部附属中学校研究会『中学校を創る』東洋館出版社、2004年
デボラ・マイヤー（著）北田佳子（訳）『学校を変える力』岩波書店、2011年
ピーター・M・センゲほか（著）リヒテルズ直子（訳）『学習する学校』英治出版、2014年

牧田秀昭（まきた・ひであき）

福井市生まれ。福井市安居中学校校長。福井大学大学院教育学研究科修了、修士（教育学）。第八期、第九期中央教育審議会専門委員。主な共著書に『教える空間から学び合う場へ』（東洋館出版社）、『授業研究』（新曜社）などがある。

秋田喜代美（あきた・きよみ）

大阪生まれ。東京大学大学院教育学研究科教授。博士（教育学）。専門は教育心理学、授業研究。主な著書に『学びの心理学』（左右社）『学校教育と学習の心理学』（岩波書店）など多数。

物語る校長
新しい教育リーダーシップ

二〇二一年三月三十一日　第一刷発行

著者　牧田秀昭・秋田喜代美

発行者　小柳学

発行所　株式会社左右社
一五〇〇〇五一
東京都渋谷区千駄ヶ谷三-五五-一二ヴィラパルテノンB1
電話〇三-五七八六-六〇三〇
ファックス〇三-五七八六-六〇三二
http://www.sayusha.com

装幀　松田行正＋杉本聖士

印刷製本　創栄図書印刷株式会社

Printed in Japan. ISBN978-4-86528-023-4

佐藤学・秋田喜代美の本

教育の方法

よい学校とは、問題のない学校ではない。問題を共有している学校である。カリキュラムや授業や学びについて、フィンランド教育をはじめ、最新の研究成果をわかりやすく提示。教育問題に対する思慮を深める基礎を提供する。現場の問題解決に役立つ知識や見識を扱った教師のための本。

本体一五二四円＋税［十一刷］

学びの心理学

教師とは子供の成長を幸せに感じ、そのことで自らも成長できる専門家のことである。何かと教育が批判される困難の中で、教師と生徒が信頼関係を築くにはどのような視点と活動が必要なのか。教育心理学者の第一人者がおくる、複雑な関係性の中で日々困難と向き合っている教師のための一冊。

本体一六〇〇円＋税［四刷］